决胜无人区

中小企业如何突破财务困境

李泰然◎著

企业管理出版社
ENTERPRISE MANAGEMENT PUBLISHING HOUSE

图书在版编目（CIP）数据

决胜无人区：中小企业如何突破财务困境 / 李泰然著 .
-- 北京：企业管理出版社，2018.9

　ISBN 978-7-5164-1773-7

　Ⅰ . ①决… Ⅱ . ①李… Ⅲ . ①中小企业—财务管理Ⅳ . ① F276.3

中国版本图书馆 CIP 数据核字 (2018) 第 200966 号

书　　　名	决胜无人区：中小企业如何突破财务困境	
作　　　者	李泰然	
责 任 编 辑	张　羿	
书　　　号	ISBN 978-7-5164-1773-7	
出 版 发 行	企业管理出版社	
地　　　址	北京市海淀区紫竹院南路17号　邮编：100048	
网　　　址	http//www.emoh.cn	
电　　　话	总编室（010）68701719　发行部（010）68701816	
	编辑部（010）68701891	
电 子 信 箱	80147@sina.com	
印　　　刷	北京紫瑞利印刷有限公司	
经　　　销	新华书店	
规　　　格	160毫米×230毫米　16开本　9.5印张　150千字	
版　　　次	2018年9月第1版　2018年9月第1次印刷	
定　　　价	48.00元	

目录

序

2007 年我在美国完成双硕士学业并工作生活了 7 年后选择回国，相继创立了"老法师"及"首席财务"品牌。

在创立老法师之前，我就职于国内四大会计师事务所之一，薪水颇丰，生活方式却很糟糕。而后我选择了企业职业经理人的角色，在一家合资企业担任首席财务官，该企业在中国各地都有制造部门，我需要频繁地出差：周一，我在上海，周二可能就到了北京，最长的一次在海南出差达半年之久。在美国放弃了很优厚的待遇选择回国，但回国以后却为了生计四处奔波，与家人相处的时间少之又少，这并不是我回国以后所期待的生活。

在对个人生活状态不满意的同时，我觉得在一家大型的企业中财务工作处于一个有既定框架的封闭环境中，企业自身特色非常明显，缺少创新与激情，无法充分运用自己在美国学习和工作中积累的经验。思考未来职业生涯，我迫切希望做一些对会计行业更有意义的事。这就是我的"初心"，也是创办老法师及首席财务的原因。

我有强烈的欲望想做些自己热爱并且擅长，还能盈利的事情，重要的是还得具备多样性、挑战性和趣味性。这个想法最终要落实为创办自己的企业，不过我花了好几年时间才确定了创业项目的大致面貌和商业模式。

起初，老法师的客户主要为小微企业，业务专注于软件与记账，几年以后当初的部分小微企业客户逐渐发展壮大，初具规模，我担当他们的 CFO（首席财务官）的角色。首席财务专门服务于这些成长起来的中小型企业，我有很好的专业基础且经验丰富，换言之，就是在那个领域"待过、见过也干过"的人，然后我把这些技能带到这些中小型企业中一展身手。

我看到了共享财务背后的商机，面向年收入在 500 万 -3 亿元之间的中小型企业提供这些共享财务总监服务。这些企业渴望做大，扩大规模。它们没有必要或无力聘请全职 CFO，但在特定情况下会不断需要这些服务。

随着时间的推移，我吸引了一批和我处境相似的人。很快，我发现和我相似的 CFO 比我想象的要多。到那时为止，我很清楚什么该做，什么不该做，尤其是销售和市场方面。2017 年，我们召集所有 CFO，召开第一次会议，并把握机会把我们正在做的事情发展为正式"业务"。在接下来的二三年里，我们逐步扩大业务，积累自己的现金储备，这是我们自身规模化成长的开始。

我为什么撰写这本书

我们公司的 CFO 们对客户的企业产生了积极影响。我之所以知道这一点，是因为他们亲口所说。

我们定期向客户获取与我们合作体验的反馈。

在最近一项调查中，81% 的客户给我们打出 9~10 分的高分（对应"非常好"或"极好"），并说他们很乐意向我们推荐其他客户。

除了这些数字之外，我还从评论中了解到：

"这是绝不轻易透露的秘密。"

"我的企业因此改变。"

"至少为公司增加了一亿元的销售额。"

"这个现金预测能让我好好睡觉了。"

正是像这样的一些反馈激励我要为正在规模化成长的企业写一本书，因为我注意到很少有人从实际和务实的角度来写如何扩大业务规模。很多书都是从学术角度概述可行之策和应做之事，而几乎没有一本书从实践出发、着眼于现实情况阐述哪些才是有效措施。

目标读者

这本书的目标读者为创业者、企业家、首席执行官，都是要为企业发展承担全部责任的人。剧透提醒：我不会只给出一个项目符号列表告诉你该做什么，我要做的是分享什么是可行之道，将其阐释清楚，然后传授给你让你去发展自己的企业。我会把来自客户及首席财务官们的真实经历和故事写进书里让你从中学习。

不要以为这只涉及科技公司。"高成长"这个词通常用于酷炫的高科技环境，在这种环境里，确实能够很快扩大规模。在这本书中，你也会发现一些传统产业公司的案例，它们在我们的帮助之下稳步发展，在我们建立的传统商业财务模式下取得了高增长和非常好的效果。

简而言之，如果你雄心勃勃，想要从一家创业公司起步，准备踏上这个征程，或者已经踏上征程，但不知为何陷入困境，或者你只想保持小规模经营，因为成长似乎太难，那么这本书将非常适合你。

■ 中小企业如何突破财务困境

如何从这本书中获得最大的收益

要从这本书中获取最大价值，你必须了解贵公司目前的财务状况。为此，我将为贵公司提供一次免费的、机密的财务评估。

如何评估

利用我们的工具

评估贵公司在财务方面的表现

挖掘尚未开发的非线性增长潜能……

关注微信公众号：CFOshare

当你完成评估，再回到这本书，你会发现兼职 CFO 的确是贵公司规模化成长的最佳秘密武器。

在此，我谨代表首席财务，祝你和你的公司取得成功！

首席财务创始人

李泰然

什么是规模化成长

"决定经济向前发展的并不是财富 500 强，它们只决定媒体、报纸、电视的头条，真正在 GDP 中占比最大的是那些正在规模化成长中的创新型中小企业。"

——彼得·德鲁克

这本书是关于成长的，你的成长，或者是你的企业的成长。

我们都知道什么是"初创企业"，同时也都知道一个业务稳定、有影响力、受人尊敬的上市或拟上市的企业是什么样子，然而，这本书要跟大家讨论的却是在这两个阶段之间的状态：企业的规模化成长阶段。

处于规模化成长阶段的企业已经克服了初创时期所面临的挑战，即：研究它所在的市场，开发市场，并找到可重复扩展的商业模式。在这个过程中，它经历了持续、快速的增长，刚刚到达新的阶段：董事和股东清醒地认识到企业成长的发动机已经启动，目标是成为一家受人尊敬的上市企业。

然而，在此过程中，企业面临着越来越严峻的挑战，主要原因在于企业虽然在成长，但缺少必要的基础构架来支持业务扩张。在纸面上，企业可能有收入、固定资产或稳定的客户，但在文化、内控、人才和领导力方面仍然与初创阶段没有太大变化——企业还没有积累足够的资源来建立和维护支持其规模化成长的必要基础架构。

这一时期最大的潜在危机是：企业的发展要么失控，要么受到阻碍。随着公司逐渐失去控制，为了努力满足业务扩张的需求，企业现金储备必将迅速减少；或者，当企业家试图同时处理所有事情时，他会感到力不从心。当生意规模小的阶段，他还可以轻松处理这些问题，而伴随规模扩大他所雇用的人却很难处理好类似的问题。

很多公司已经充分认识到这一危险现象，这显然是一个关键的时刻，只有三种结果：

1. 顺利通过，公司进一步成长壮大。

2. 被困住，业务停滞不前（许多企业多年来都处于这种状态）。

3. 无法突破，生意失败。

企业家们都有让企业飞速发展的梦想，但却常常遇到企业规模"过大而无法缩小"和企业规模"太小而无法做大"的难题，进而陷入"无人区"。

本书的第二章将详细地探讨企业在规模化成长中所面临的问题。如果创业者的目标是发展企业，想要实现规模化成长，那么知道未来将会面临何种挑战，以及面临这些困难如何应对是至关重要的。如果创业者已经实现规模化成长，那么认识到企业当前的状况同样十分重要，因为将来任何重大的变革都必须从企业目前所处的环境开始。

规模化成长对不同的人有不同含义

如果我们要将服务对象集中在规模化成长企业及处理与之相关的问题，那么数字是必不可少的。虽然数字并不是一切，但它能帮助我们更好地了解一个规模化成长企业所处的阶段。本书中的衡量标准就是基于我们对数百家客户的经验观察。

经验表明，当企业雇用至少 10 名员工或收入达到 500 万元以上时就会遇到规模化成长所遇到的问题，而当企业雇用 250 名员工或收入达到 3 亿元以上时，他们就已经实现规模化成长了，伴随规模化成长所带来的问题也就基本解决了。

这本书专门针对这一规模的企业。这些公司是我们每天服务的对象，所以我相信我有能力给出具有洞察力的建议。

也有些人说这不是数字的问题，企业在成功验证自己的商业模式以后的发展阶段都可以称为规模化扩张。

四大会计师事务所之一的德勤（Deloitte）得出了与我们类似的结论，在报告"规模化成长的挑战"中评估了规模化成长阶段企业对经济的贡献，将规模化成长阶段定义为"在过去3年期间筹集的资金达到500万~1亿元，或取得该等额收入的公司"。

报告同时分析了处于规模化成长阶段的企业影响经济的方式，并将它们做了如下分类：

不愿意且无法扩大规模：以微型企业为主的一部分企业对成长毫无兴趣；

愿意但无法扩大规模：部分企业愿意规模化成长，但没有能力、知识或基础架构这样做。

自然成功：本质上是行业"独角兽"，不管是否具备条件，最终都将成功。

德勤得出的结论是，提供必要的辅导可以使"自然成功"的企业获得更快的增长，会帮助"愿意但无法扩大规模"的公司成功实现规模化成长。有趣的是，德勤还得出结论说，随着时间的推移，"不愿意且无法扩大规模"的公司可能会被鼓励扩大规模。这支持了丹·伊森伯格（Dan Isenberg）所谓的"榜样效应理论"（Role Model Effect），那些看似"不愿意且无法扩大规模"的创业者的雄心，可能会被同行的成功所激发。就如同"我不知道我想要什么，直到我看到它是什么，并意识到它是可行的，才意识到它就是我想要的"！

这一实证研究印证了我们自己的看法，有很多很多的公司已经实现了规模化成长，他们只是自己还没有意识到而已！

在过去的几年里，在与多家企业客户共同成长的同时，我们得出了这样的结论：如果得到正确的帮助，有很大一部分公司有能力实现规模化成长。规模化成长企业对企业家、员工、利益相关者和整个市场经济益处良多。

当读到那些已经取得成功的企业故事时，人们会很容易把它归结为运气："他们很幸运"，或者"他们在正确的时间、正确的地点，做了正确的事"。我不太相信运气，正如罗马哲学家塞内加所说："当有准备的人遇到机会时，运气就会发生。"每个企业都有自己的好运气和坏运气，但那些有准备的人却抓住了属于他们的好运气。同样的，当他们遭遇不幸的时候——对其他人来说可能是灾难性的——他们可以用更好的方式处理。

这本书的目的之一就是让人们做好准备：最大限度地减少坏运气带来的影响，最大限度地增加好运气所带来的财富。

对于企业主来说，如何做好准备

在首席财务，我们使用一套包含 12 个模块的模型来帮助企业"准备"，我们称之为"矩阵"，分为三个维度：战略、运营和支持。本书后面章节会介绍更多关于这 12 个模块的细节内容。目前需要明白的是你的注意力不能仅仅停留在数字上。

创业者需要考虑整个业务模型，因为如果企业的业务模型不理想，创业者最不想做的就是把这个糟糕的业务模式做大。如果这样做了，那么所有让生活不愉快的小问题将会变成更大的麻烦。但，一个不完美的商业模式并不意味着一切都失败：有很多事情可以做，来改造和重新设计业务模式。

规模化成长需要很多钱吗

企业家们最关心的问题之一就是规模化成长的成本。理想情况下，一个能产生现金流的商业模式将具备造血功能。通常，客户要求我们帮助他们进行债务或股权融资，他们认为，有债务或股权融资才可以扩大规模。但实际上每一个客户的情况都是不同的。

就规模化成长的企业而言，我通常从客户自身业务产生的可用资金流开始着手。客户常常会发现我们从营运资金中筹集到的资金规模超出了他们的预期。

你是否渴望规模化成长

我们之前已经列举了两种无法规模化成长的原因：第一，企业现有的商业模式行不通，规模扩大只会让他们更加头疼。第二，缺乏资金。

现在让我们看看第三个原因——有些企业从来就没有选择规模化成长。

简单地说，一个公司的成长速度，或者说它是否选择规模化成长，很大程度上是取决于企业主的雄心、态度和心态。虽然很多人都在为企业扩大规模而努力，但也存在一些企业不愿意且无法扩大规模。

当我们开始着手做一项新业务时，首先要做的检查之一就是确定企业主的目标。有时，他们只是想维持现有的业务水平，为个人以及他们的家庭带来资金，而不想压力太大。不过现实情况是，成功地保持企业的现有规模与扩张业务规模一样具有挑战性，有时可能更难。反之，在一个雄心勃勃的领导者的带领下，业务的增长和规模的扩大往往更容易，企业可能会更成功。

规模化成长的必要性

"先发优势不属于第一家进入市场的企业，而属于第一家规模化成长的企业。"

——里德·霍夫曼，领英联合创始人

规模化成长作为一个独特的企业发展阶段是比较新的概念。直到几年前，人们对企业的认识还是，企业要么是初创公司，要么不是初创企业。

几十年来，政府把公共资源不停地投入到初创企业中，提倡万众创业，但初创企业成功的概率真的太低了。著名天使投资人阎炎甚至公开宣称创业成功的概率小于 1%。通过数据分析我们可以看到，初创企业数量很多，但质量参差不齐，在就业人数和促进 GDP 方面都与规模化成长企业有很大差距。

经济增长、GDP 和就业很大程度上都是由那些经历了困难时期后盈利的企业所驱动的，这些企业就是我们所说的规模化成长企业。

现有数据表明，少数的高增长企业足以产生因企业家精神而带来的社会和经济效益。在未来 5 年里，相比那些拥有 50 名员工而一直停滞不前的企业，快速发展到 100 名员工的企业更有利于股东、员工、社会和政府。

我的一个成功的企业家朋友认为，规模化扩张要比创建一家企业困难得多。或者，正如他所说，"就像嚼玻璃，不小心就会受伤"：需要把全部精力放在规模化成长上，过程中所遇到的问题不会自行解决。

那么，为什么人们如此关注初创公司，而较少关注规模化成长企业呢？首先，初创公司往往会被认为"更有魅力"，不光政府、投资者，甚至公众都会觉得它们很新奇且具有魅力。它们是新的玩具，明亮闪耀的新星。另一方面，规模化成长企业则是旧新闻。它们已经存在了好几年了，新奇的东西已经没有了。

为什么规模化成长对员工来讲十分重要

大多数人都想成为成功故事的一部分。当一个公司在规模化成长的时候，员工有更多的机会。更好的工作、个人成长、收入潜力、舒适的环境——所有这些关键词都将让人联想到一个内控良好、财务状况稳定的正在规模化成长的企业。

客户对规模化成长的需求

有时，企业家反对规模化成长的理由是，作为一家小企业，他们可以更好地满足客户的需求。

当然，如果以失控的方式规模化成长会对所有企业相关人员构成危险。然而，如果创业者正在以一种可控和高效的方式进行规模化成长，那么企业就会产生更多的资源来更好地服务客户，扩充对这些客户的服务范围，并且快速地响应他们的需求。随着规模的扩大，业务会变得更加稳定，并确保公司有能力持续地满足更多客户的需求。

如果创业者是个体户，而且想保持这种状态，亲自为客户提供服务，那便不需要规模化扩张。但问题来了，如果创业者拥有一个不断增长的客户群，而公司只有少数几个员工，在成长过程中没有扩大规模，那么几乎不可避免的是，在未来某个时刻客户会开始失望。

规模化成长对供应商来说意味着什么

供应商当然会希望企业有更多的顾客，赚更多的钱，从他们那里买更多的东西。这符合他们的最大利益。随着规模化扩张，企业将与供应商形成更紧密的纽带。

挑战在于控制增长速度，并以可控的方式扩大规模。如果不这样做，扩大规模将构成企业的潜在风险：没有供应商愿意接最后一分钟的紧急订单，逾期付款，或是将他们的产品与不良服务搭上关系。

因此，规模化扩张需要以可控的方式进行，而不是在整个过程中耗尽所有资金。在规模化扩张的过程中不可避免地存在着失控、现金短缺的情况，这都将可能给利益相关者造成严重影响。

为什么规模化成长对创业者来说非常重要

企业家渴望企业成长的主要原因是他们渴望获得财务自由或情感上的满足。

在一个小企业中，企业家往往身兼多职，但随着企业的发展，无论多么能干的企业家也不能兼顾企业的所有事情，他们需要转变为企业所有者的角色。随着时间的推移，企业建立合理的内控制度与分工，引入优秀的职业经理人，培养自己的团队，便不再完全依赖于企业家。

合理的企业架构带来的好处是企业家可以根据自己选择的生活方式每周工作 60 多个小时或每周只工作 4 小时。同时，即使企业家离开了公司，做他们喜欢做的事情，比如参与各项运动或与家人在一起共度时光，企业也会继续成长。当然，对于一些企业家来说，他们想在企业内部做自己喜欢的事情，而并非企业管理者的角色。例如，一个企业家原来是一名基因学方面的教授，并且已经建立了自己的企业，他可能想研发一种新的基因检测设备，快速检测出原来需要花很长时间才能检测出来的病毒，且精度更高。在一家年收入千万的企业中，企业家通常负责管理企业的财务情况，但他们很少受过这方面的专业训练，可能也不喜欢做这项工作，那么他做这项工作要比技术娴熟的专业人员花更长的时间，而他本可以用做这项工作的时间去研发一项新技术，可能会为企业创造更多的收入。

企业家应该花更多时间做自己擅长的事、喜欢的事。他们并不全像大众认为的那样外表光鲜，私下里他们往往生活节俭、压力巨大、身体状态差，甚至有时会感到非常绝望。他们会处于家庭和事业的矛盾当中：希望花更多的时间陪伴家庭和孩子，也希望有时间和朋友们在一起，但企业偏偏又处于规模化成长阶段。企业家希望通过自己创办的企业来实现某种成就与抱负，有时候在家族企业中，企业家还肩负责任要把它传给下一代，因此都无法回避规模化成长阶段所带来的各种挑战。

通常来说，小企业仍然处于由企业家说了算，企业家就是企业的精神领袖的阶段。一旦进入规模化成长阶段，企业将不仅仅由企业家一个人说了算，它属于整个领导团队。企业的维度开始发生改变。初创企业往往过于依赖创始人，但一旦进入规模化成长阶段，决策的中心将转移到围绕创始人聚集在一起的团队。

规模化成长的问题：是什么阻碍了企业规模化成长

企业在初创期建立合理的商业模式以后，通过自身业务或融资会产生充足的现金流，支持企业进行扩张；但企业却不具备更科学的业务流程、高效的内控或更专业的人员，这通常被称为"无人区"。

——首席财务

　　一个公司，如何才能知道它是一个规模化成长公司而不是一家非常大的初创企业？

　　这是个难以回答的问题，没有全球范围的标准答案，但阅读完本书以后我相信你一定会得到自己的答案。

企业如何成长

　　如果你是创业者，可能还记得创业初期的兴奋。每一天都有

■ 中小企业如何突破财务困境

新的挑战。有时沮丧，有时忙碌，一个客户来了，之后接二连三其他客户找上门来，当然，也有门可罗雀的时候。

因为事情进展顺利，创业者便将更多的资金投入到企业之中。企业开始走上正轨：搬到固定的办公室，雇了第一个员工，或者创始人放弃了原来的兼职工作。重要的是，投资重点已经从支付当天开支变成了为未来的计划而未雨绸缪。

从那以后，企业增长缓慢但稳定，最终，将会达到一个阶段：企业的状况每个月都比上一个月好。

这是决定是否要规模化成长的关键点。如果不这样做，业务会继续增长，创业者会变得更忙，但是商业模式并没有发生改变，逐渐难以满足新的企业状况。这就像试图用最小的齿轮赢得一场自行车比赛一样，创业者感觉越来越吃力，但实际上并没有跑得更快。

对许多企业家来说，这可能是一个可怕的阶段。这意味着更多的开支，包括购买大量办公与生产设备，支付更多固定工资、成本等。

与此同时，创业者的生活方式也可能随着企业的发展而发生变化：买了一辆新车、一幢更大的房子，孩子上了私立学校，出国、移民，等等。

总有一天你会失去一个大订单，压力扑面而来，就像感觉全速撞上了一堵砖墙。在首席财务，我们认为这些是企业成长的障碍，我们将帮助你克服这些障碍。

在这一阶段生存的关键是完善你的商业模式，这包括基础设施、人才、流程、领导力等未来你所需要的一切。切记，只有你的商业模式得到市场的印证，你才能开始并最终实现规模化成长。当你的商业模式可以应对增长，高效并可重复地经营，而没有现金流问题、客户服务危机或其他的干扰，你就可以规模化成长了，甚至可能在没有意识到的情况下进入规模化成长模式。

规模化成长企业的特点

规模化成长的企业往往具有某些共同的特点。

从局外人的角度它看起来似乎很混乱，每天跟打仗差不多，但它实际充满了积极的正能量。这些企业往往在各个方面试图突破原有极限，工作时间长，节奏快，需要不断地重新评估事件的优先级。

混乱是一种复杂且美丽的东西，它意味着企业将打破原有常规。这种受到控制的"混乱"是一件好事，你可以在规模化成长的企业里经常看到它，这通常象征着企业在迅速发展，但并不意味着疯狂和失控。

这就引出了这一章开头的问题：如何判断一个企业是规模化

成长的公司而不是一家非常大的初创企业？

规模化成长的企业让人感觉充满活力，有自我造血的功能，并且十分"混乱"。

如果在发展过程中企业家感到十分焦虑，到处都是混乱的感觉，这是一个明确的信号，表明企业开始失控。如果你晚上睡觉时对新的一天没有充满期待，或者早上醒来的时候有这种感觉，企业可能会有问题。

当然，仅仅因为生意做得很好，扩张很顺利，这并不能保证企业不会失控。首席财务是一个规模不断扩张的公司，在过去的三年里一直以超过 30% 的速度增长，在数百名首席财务官的帮助下，这可能会成为一种规模化成长，但并不意味着它不会失去控制。必须时刻密切关注业务，不断重新评估商业模式，仔细观察各种指标。

这就像在驾驶汽车。你可以把一辆普通的大众汽车放到 F1 赛道上，然后高速行驶。速度越快，发生事故的可能性就越大。如果你没有发生事故，那么在某一时刻，汽车同样会因为引擎长时间超负荷运转而出现问题。但是，如果把法拉利赛车放在赛道上，你就会感觉更安全，更有控制力，赛车也能跑得更快，而且发动机不会被烧毁。然而，仍然需要时刻注意你的行驶速度，根据道路状况随时调整，同时需要监控燃料消耗，预先判断每一个急转弯，这样才能平安到达终点。

当你从"超级初创公司"向规模化成长过渡时，面临的挑战将会改变。你总是遇到以前从未遇到过的新问题，而且不知道该如何应对。

所以，让我们来看看当一个企业从初创企业到规模化成长时，将面临哪些挑战。

人的挑战

《哈佛商业评论》一篇文章曾谈到了卓越的领导力和专业的服务对企业规模化成长的重要性。规模化成长阶段企业面临的最大的挑战是他们无法负担聘请各个领域的专业人士，但他们的的确确需要这些专业的服务。他们如何能够以一种可以承担的方式持续获得这些服务呢？

想象一下，你是一家试图规模化成长的企业的创始人，已经创业好几年了。随着业务的增长，你可能会雇用越来越多的销售人员和运营人员，你知道什么样的人最适合企业。事实上，他们可能是你的复制品。

然而，如果现在你需要一个财务总监，你可能不知道一个好的财务总监是什么样的。你需要一个人力资源总监，却不知道一个好的人力资源总监是什么样的。同样的，你需要一个营销总监，但你可能也不太清楚好的营销总监日常如何工作。企业的业务已经开始规模化成长，你在创业初期雇用的出纳，也无法为你在这一阶段解读财务信息和做出精确的财务预测。

不做相应的调整是一个错误，但做出调整又是一个巨大的挑战：你和那些一起创业的员工情感非常好，他们在创业时投入了大量的时间和精力，在规模化成长阶段不重用这些人是很困难的。但你很快发现还有一个更大的挑战摆在面前。

作为企业所有者，你开始由创始人转变为领导者。规模化成长成功的标准之一是企业雇了很多曾经在大企业或专业机构工作的经验丰富的人，他们知道"好"是什么样子的。

这很有道理。在首席财务，当我们向我们的客户介绍一位新的首席财务官时，其中一个无形的好处就是我们通常从大公司中招募首席财务官。所以，当我们让他们和企业家一起工作时，他们知道许多其他角色"好"在什么地方，即使企业家并不清楚。无论企业所处哪个行业，他们都清楚地知道一个好的企业是什么样。这是模型运作良好的主要原因之一，也是为什么客户倾向于让我们长期留在董事会的原因之一。

随着公司的不断发展，一个新的挑战出现了：文化的改变。许多初创公司坚持认为，随着他们的成长，一切都不会改变，但现实是，他们必须改变。

在初创企业，创始人知道每位员工的名字，他可能亲自面试并雇了他们。当争端出现时，他们会亲自解决。然而随着公司的发展，认识每个人变得越来越困难。除非你以一种完全扁平的结构运行，每个人都直接向创始人报告，企业不会有你不与之打交道的人，而扁平的结构不会永远是最好的结构。

对于首席财务来说，这一点同样适用。在企业只有十几个员工的时候，我认识每个人，了解他们的家庭、他们的爱好。我个人参与所有招聘，但现在没有精力这么做了。

所以，在初创阶段创业者必须努力建立企业文化和确立工作方式。要实现规模化成长，必须越来越多地依赖流程和控制。现实中，公司是一个复杂的群体，业务发展有太多变量，要想成功地实现规模化扩张，就需要努力维持原有公司文化中好的一面，同时也要更加注重流程和架构，这样企业才能在规模化成长的过程中保持有效控制。

销售和市场的挑战

销售和营销是过程，但许多初创企业把它们当作一种活动，"我只是想打几个电话，做些销售"或"我坐下来做一些营销"。这的的确确都是流程，而且，就像经营企业的其他方面一样，在企业能够成功地实现规模化成长之前，你需要有能够有效工作并产生预期结果的销售流程。换句话说，它们可以重复地、可预测地带来新客户。

在初创企业中，销售和营销往往以创始人自己为中心。他们知道市场需要什么；他们亲自做销售，甚至可能在推销自己，通常也直接参与制造产品或提供服务。

这样做的挑战在于保持创业者创业心态的同时，帮助其他销售人员调整并保持良好的心态。

要做到持续激励，并把销售和营销转变成一个能够持续不断地运行并带来新客户的系统，唯一的方法就是引进这方面的专家。这是精准营销，并有效地增加销售额的唯一途径。如果你的企业没有这方面的专业技能和知识，你所承担的风险就是定期制定营销预算，然后感觉你不得不花掉这笔钱，不管它是否能够有效地带来新客户。

运营的挑战

你在运营方面面临的挑战很大程度上取决于你的企业的业务类型。例如，在制造业中，挑战可能围绕着新工厂、新机器、工厂布局等。

尽管如此，对于所有企业来说，都存在一些共同的挑战，但这些挑战因企业所处发展阶段的不同而不同。初创企业可能会遭受产能过剩的困扰，而且因为缺少前期的积累，每一批订单的交付在某种程度上都是新的。随着企业进入规模化成长阶段，挑战在于如何进行业务的系统化，以便生产流程能够不断地、可靠地重复，有效满足客户需求。如果你在制造业中快速增长，你需要建造新的工厂。如果你所处的是服务业，你需要不断招聘新人。无论采用哪种方式，你都必须迅速行动起来，而同时也有一些顾虑，就是你可能会过度扩大生产，或者过度招聘。

产能的管理能力是至关重要的，当然这里不是单指管理工厂的产能。例如，在办公室里，电子邮件营销活动正在进行，这时就需要平衡你的行政管理员工、电话营销员工（正在向潜在客户打销售跟踪电话），当然还包括你在路上的销售员工的工作。

在整个运营链中不断平衡资源，需要保证供应链的不同部分不会出现瓶颈和产能过剩，困难的是事情都在快速变化，企业需要跟上并适应这种变化：这是确保企业的盈利能力和收入水平不断增长的关键。

管理的挑战

随着公司的发展，行政和管理负担越来越重，与初创公司相比，越来越多的人开始从事这方面的工作。你可能不会喜欢这些烦琐的后勤工作。但是，如果你不着手建设一个高效且实用的行政与财务管理系统，企业会很快陷入困境。例如，在一个初创公司，客户明细分类账可能是一个文件夹中有许多发票，当月收到钱时，把银行水单与发票匹配，把它粘贴到记账凭证后面即可。每月处理几个订单就好了。然而当每个月需要开数以百计的发票时，你会发现这个过程效率非常低。所以企业规模化成长过程中，开发一套高效的行政与财务管理系统对完善内部控制是非常必要的。

通常，当初创企业成长的时候，创始人会成为一个瓶颈，因为企业的大部分活动他们都要参与其中；他们仍然想要在每一个采购订单、每一张付款申请上签字，关注所有公司的往来款项。这是心态问题，会阻碍一些公司的规模化成长，也是创业者在个人领导力培养过程中需要克服的，我们在之后章节的十二模块"矩阵"模型中将详细讨论这一话题。

当然，同样重要的是创业者将所有工作都交给其他人去完成，并理所当然地认为这些事情都会被妥善解决，但真的这样做之后，会大失所望。这是关于有效授权的问题：你必须亲自处理所有重大的事情，防止职业经理人做出愚蠢的决定损害企业，但一定切记，创业者不应该所有事情都插手。

财务的挑战

本书的作者是一名财务人员，所以后面的几个章节会讨论很多关于财务方面的挑战。

现金流管理是财务管理的一部分，随着公司开始规模化成长，它的地位也变得越来越重要。

《哈佛商业评论》文章"坚持到最后的初创企业"中提到的另一个判断初创企业成功的标准是构建财务规划和预测能力：在到达目的地之前，你需要清楚地了解你的财务需求。如果你有完善的预测和规划系统，挑战将会大大减少。

可以做这样的比较，在创业公司里，财务管理主要关注如何在今天不把钱花光，因为每个决定都可能会立刻对现金流产生影响。另一方面，在一个规模化成长的企业中，财务管理主要关注在接下来的几个月不会把钱用光，因为每一个决定都可能会产生长期的财务影响。必须密切关注今天，但也同时必须管理好明天。

随着企业的成长，财务状况会变得越来越复杂。你需要尝试不同类型的融资，因此必须在业务增长和规模扩大时获得正确的融资组合。同样，在后面章节的十二模块"矩阵"模型中，我们会更深入地讨论这个问题。

■ 中小企业如何突破财务困境

人们常说，创业公司依赖"3 F"进行融资：家庭（Family）、傻瓜（Fools）和朋友（Friends）。但当开始规模化扩张时，情况就不一样了：企业在财务管理方面正变得越来越复杂。

局外人看规模化成长企业是什么样子

如果从企业内部看到的是一个精力充沛、充满活力、正能量满满的局面，那么局外人眼中的规模化成长企业一般是什么样子？

通常，当一个旁观者看到一个正在规模化成长的企业时，首先会看到的是成功：例如，公司的老板又换了一部的新车。但客户或供应商可并不一定这么看，因为对他们来说，规模化成长并不一定总是件好事。客户可能会失望，供应商可能不会按时收到货款，由于公司正在经历变革，经常出现突发事件，投资方和银行家很可能会对公司的现金情况发出警告。

企业正在经历一些他们在初创阶段没经历过的事。在初创阶段，创业者使用的是自己的钱，但随着公司规模的扩大，公司开始使用别人的钱。通常情况下，钱首先来自企业自己的营运资金：尽快向客户收款，延期支付供应商，使用银行的信用额度，等等。然而，很多时候营运资金是不够的，公司必须寻找其他资金来源。这就是充满刺激的挑战开始的地方。

这也是观念发生转变的地方。作为一家初创企业，财务上的红灯确确实实是红灯：现金流的问题是眼前的问题，是不良决策的结果。规模化成长阶段的企业的首席执行官通常会花很多时间说服他们的投资人，财务上的红灯是暂时的，是正确决策的结果。初创企业会去对银行说，"我们需要更多的资金"；而作为一个规模化成长企业，他们经常会去对他们的投资人说，"我们需要更多的耐心"。

这就引出了一个更有趣的难题：如何让投资者有耐心，特别是如果你想让投资者投更多的钱。答案归结于信心，而让他们对你和你的业务有信心的方法是建立在合理的商业逻辑基础上的可靠的计划和预测。不能仅仅把一些收入目标写在纸上，并幻想得到最好的结果；你必须向他们展示你的商业模式在现实中是如何实现这些目标的。如果企业目前的状况还没有达到预期，这其实通常也是企业在一开始选择融资的原因，你需要向他们展示将如何推动业务向既定的目标发展。如果这些基本的要求你都无法做到，企业将面临死亡，投资人会失去耐心，切断资金来源。一个令人悲哀的事实是，许多进入破产清算的企业在倒闭的时候是有利可图的。

规模化成长企业的内部是什么样子的
——首席财务

"不能只奖励成功，失败同样需要奖励。"

——杰克·韦尔奇

回顾我在自己公司里遇到的一些挑战，相信你会对我一路走来的一些想法和亲身经历产生共鸣！当然，最一开始我并不确定我们会变成一个规模化成长公司。在企业经营过程中，事情发展有一个渐变的过程。

人的挑战

从人才的挑战开始谈起，对我来说最大的改变是我雇了更多的人，我最终不需要做全部事情。然而，在什么时间引入这些人对我来说是一个巨大的挑战。

我的第一个得力助手是我的助理王慧（她现在仍然和我们在一起）。在王慧来公司之前，我需要处理公司的全部事情，包括为客户提供服务、自己企业的会计处理、纳税申报，等等，基本没有休息的时间，累到怀疑人生，整个人就像一个松紧带，时刻处于紧绷状态。

在积累了一定数量的客户，能够带来稳定的现金流以后，我开始雇用员工。这样，可以腾出周末时间来充分休息，另外还有时间和空间专注于市场营销，为企业获取更多的客户。

雇用员工会使固定成本突然大幅增加，这是有压力的，这让决定变得非常困难。在创业公司里，大部分员工的薪资成本都与企业收入有直接关系。不是在招聘销售人员，就是在招聘生产人员。但是，当企业进入规模化成长阶段以后，必须为业务构建后勤支持系统，这意味着需要雇用那些不会直接产生收入的员工，也就是后勤人员。

回过头来看，如果我们企业提前一年就这么做了，一定会更加快速地发展。即便如此，每当我们雇用后勤支持人员时，我还是会感到担心，但我知道必须这样做。

当看到一个月的工资数据时，你会意识到需要产生多少收入才能为每个人支付工资，这种感觉并不是很轻松。

市场的挑战

首席财务一直非常专注于直接的营销。在投入之前我们需要知道广告的目标受众，谁会对它做出回应。挑战在于把我的思路复制到其他员工身上，但我意识到，不管员工有多聪明，如果真的要发展壮大业务，就不能依靠公司里的某个人的技能，必须创造出一个营销的"机器"：投入时间和金钱，然后从另一端获取客户。我们的工作是跟踪机器的运转情况和计算每一个客户的获取成本是多少，不断优化这台机器。

在早期，公司做了很多免费广告，包括客户推荐、口碑相传等。在企业发展过程中，我们增加了对各种付费渠道的依赖程度，但是需要确保不是盲目地编制营销预算并不断支出，必须监控广告投入的有效性。

面临的挑战是保持条理清楚，不会把钱花在那些随机的广告宣传上。

我们还必须在正确的时候引入合适的专业人才，而不是自己运营各种营销渠道和做营销决策。在市场中找到认同我们的理念和思维方式的人是一个挑战，我们面试了很多人，直到找到了正确的人。

销售的挑战

在许多初创公司中，创业者通常参与销售，因为他们是与企业共命运、对企业最有信心的人，他们可能是最好的销售人员。这一点并不一定会随着企业的发展而改变，创业者仍然最了解本企业的产品和业务，但企业必须招聘更多精通营销的专业人员，虽然招聘难度有点大，而且他们的工资往往相当高。

在早期，就像许多专业的初创公司一样，首席财务采用的是"包干"模式：员工负责寻找客户，然后亲自担任这些客户的首席财务官。不过，员工之间的销售技能差异很大。公司花钱参加各种论坛，创造员工与潜在客户的见面机会，一部分员工抓住了80%或更多的机会，与潜在客户达成了合作意向，而另一部分员工却一个机会也没有抓住。这是不可持续的。我们意识到，做好自己擅长的事情并不意味着擅长销售自己所做的事情。

今天，我们的首席财务官被组织成不同的区域和团队，由区域主管负责本区域的销售。为了实现这一点，我们必须建立完善的销售体系，必须让喜欢并擅长做销售的人负责销售工作。

我们在区域主管身上投入了很多。他们是典型的首席财务官，但同时对销售和拓展市场有浓厚兴趣，这样的人不容易找到。可以从公司内部挖掘合适人选，但不是每个人都值得培训。所以常常面临的另一个挑战是如何找到合适的人并对他进行培训，结果证明选择不总是正确的。

运营的挑战

就像我在序里说的那样，首席财务在初创阶段专注小微企业ERP系统开发，所以开发我们需要的系统是很自然的。我们在规模化成长之前就开发了它。我们抱着把每一份工作都当作特许经营的心态，按照模块化、标准化的方式去完成，这样的好处就是可以复制，训练其他人去做同样的工作。随着我们的成长，我们不会面临其他企业将面临的运营、管理或财务方面的挑战。

财务的挑战

首席财务倾向于自筹资金，会跟银行保持良好的关系，在必要时申请一定的信用额度。我们目前只进行了天使轮融资，虽然帮助了许多客户融资，并在各种风险投资中筹集了大量资金，但我们不认为自己目前也应该这么做。

■ 中小企业如何突破财务困境

像我们这样正在规模化成长的企业，很容易会被营销活动冲昏头脑，在收入到来之前花大把的钱。而我们成功地避开了陷阱。

有趣的是，最大的财务挑战实际上与运营有关。与其他专业服务公司一样，我们最大的固定成本就是员工工资。在企业初期，采用的方法是先招聘专业财务人员，增加公司收入，然后再招聘后勤相关的员工，开始基础设施建设。许多创业者采用了相反的方法：先建立平台和基础设施，然后收入也随之而来。我没有这样做，这带来了运营上的挑战：收入增长后，在混乱中度过了一小段时间，后来企业及时增加了基础构建的投入，为未来企业能够更好地提供服务打下了一个坚实基础。

领导力的挑战

随着企业的成长以及在国内国际市场上的扩张，首席财务也面临着一些领导力方面的挑战，其中大部分挑战对我来说更像是个人挑战。

首先，我们需要信任并放手，我们开始为企业聘请全职首席财务官。正如经验丰富的营销人员经营一家营销公司不会另行雇用一个营销总监销售自己的服务一样，我在是否为自己公司招聘一名首席财务官上犹豫不决，特别是给他空间，让他做原本我完全能够胜任的首席财务官。

首席财务去年开始尝试使用钉钉软件。当你把业务拓展到全国各地乃至海外时，不可能在任何地方都直接参与，好的信息系统会变得更加重要。钉钉让我们协同办公更加容易。

回顾过去，我们认识到应该更早地实现系统化。与许多规模化成长中的企业一样，我们已经有了跟踪销售和市场的系统，只是没有相互"打通"，它们给我们增加了一些可见度，尽管缺少一些我们所需要的细节。因此，我们在培训、企业文化方面投入了大量资金，一个具有高信任度的环境对我们来说更加重要。

成功的陷阱

对于一个旁观者来说，规模化成长的企业看上去像一家走在成功路上的公司。对首席财务来说，客户可以看到我们的业务正在增长，我们正在向全国乃至国际扩张。他们可以看到我们的专业人员在提供服务时更加自信，以及我们的客户对我们的专业能力更有信心。他们可以看到我们与周围其他企业的关系更加稳固，尤其是与其他专业服务公司的关系。同样重要的是，他们看到了稳定，我们通过基础构建投入来实现稳定，而许多企业却没有这样做。

■ 中小企业如何突破财务困境

我们花了近 10 年的时间才获得成功——走出初创模式，开始规模化成长。企业现在面临的挑战是如何保持规模化成长，而不是陷入思维的陷阱，认为我们已经"成功达到"规模化了。

关注什么地方

对于一个规模化成长的企业所有者来说，有很多挑战需要关注，这就引出了一个问题：如果不能把注意力集中到所有事情上，那么应该放在哪里？很多人是把注意力全部放在销售和市场上，实际上正是因为你把大部分精力放在销售和市场上，才取得了今天的成功。然而，对于一个已过了初创阶段，正在规模化成长的企业来说，最大的危险并不是某一天没有客户了，而是某一天没有钱了。

《哈佛商业评论》和许多其他评论人士讨论了企业应如何进行规模化成长，他们认为随着企业规模扩大，应快速获取多个专业领域的技能，迅速扩充多元化的管理团队。对于许多企业，财务技能是你一定要获取的。我这么说不是因为我经营着一家提供财务服务的公司。相反，我经营这家公司正是因为这是很多企业都需要的技能。如果你问我们的客户，他们会告诉你同样的信息：如果你的企业在规模化成长，你就会遇到财务问题，而这些财务问题本身就是企业成长的一部分。即使现在没有意识到这一点，你也会在企业规模化成长的道路上很快意识到。

规模化成长的情感代价

"我们是制度的仆人，以便我们可以获得自由。"

—— 西塞罗

作为一个规模化成长企业的管理者异常艰难！

随着企业的成长，你很快就会意识到客户的重要性。获取新客户的唯一手段是在提供服务之前向客户证明即将提供服务的价值。同时，企业必须投资于基础构建以支持业绩的持续增长，这些基础构建包括设备、系统、人才或其他方面。

对许多管理者来说，就像在坐过山车：有时候一切都很顺利，下一个大订单已经到手，你会感觉自己站在世界之巅，然后就会意识到这对企业来说真正意味着什么。在写这本书的时候，我的一位客户正在考虑一个重大的订单，决定是否接受，因为它可能会对财务产生重大影响，将对某个特定客户产生巨大依赖。

作为一家初创企业，你必须接受每一个订单，对每一个客户笑脸相迎。企业在成长的过程中，会进入一个可以对客户进行选择的短暂的、快乐的时期。然后，当进入规模化成长阶段时，你必须有目标地选择客户。那是一种完全不同的感觉。

那么，为什么有人愿意去做这么艰难的工作呢？通常，这取决于你是否真正享受创业的过程和你的使命感。

首席财务的目标很明确：我们的愿景是有一天所有在规模化成长的公司都将雇用一名兼职 CFO。这是一个宏大的愿景，但我坚信我们的服务正在帮助企业管理者改变他们的生活，让他们获得自由，我们始终站在管理层的角度考虑问题，而不是一个打工者的角度。这是首席财务的主要信念。

你不是一个人在战斗

那么，对于一个规模化成长企业的 CEO，有什么地方可以寻求协助呢？政府和风险投资都喜欢把钱投给初创企业或"独角兽"，那么传统的规模化成长企业该怎么办呢？

首先是商业支持网络。这一领域包括各种社团、领英、海归俱乐部、创业营，等等。这个领域的其他组织包括各个学校的校友会、各个国家的商会和由知名企业家组织的各种定期聚会，等等。

除此之外，许多商学院为那些想要学习发展的 CEO、创业者和成熟的职业经理人提供 MBA/EMBA 或更短的课程，这也被许多 CEO 越来越重视。

下一个难题

上面，我们讨论了在开始规模化成长阶段引入各领域专家的必要性。这主要是为了在正确的时间，以一种负担得起的方式，引入高水平的专业知识来支持企业规模化成长。根据服务过的大量规模化成长企业的经验，我们认为如果企业家有扩大规模的野心，那么企业越早引入这些专家越好。这是我们就每一个新客户首先要做的事情之一。

然而，在初创企业中总是缺乏专业人士。这是为什么呢？引用《哈佛商业评论》的一篇文章所言，"创始人往往不愿为在成长中的初创企业带来纪律，因为他们担心失去灵活性和控制力，但讽刺的是，这样的结果是运营变得混乱，业绩受到影响。"

理想的策略是，聘用各个领域的专家、丰富企业治理结构、强化规划和预测，以及不断丰富企业文化，进而实现长期增长。这种规模化成长的方法不仅会提高公司的效率，也会帮助企业找到和抓住新的商业机会。

■ **案例分析**

博润国旅

博润国旅是一家主要从事出境旅游业务的旅行社，公司秉承的服务宗旨是"用最经济的成本让游客享受优质服务及卓越体验"。

溯　源

公司创始人之一崔航下海经商之前在南京军区的某部队当兵。

"退伍后我没有按部就班地选择工作，而是到希腊去学习，毕业后在希腊从事进出口贸易。""这是一段让我心潮澎湃的时光，我在实践中形成了自己的商业逻辑，给了我自信做自己喜欢的事情，也在希腊赚到了第一桶金。""这时我遇到了张总，那是在2005年，我们看准了中国旅客的出境游市场，投资在希腊当地开了一家旅行社。"

中国经济在 2000 年开始持续高速发展，辛勤工作之余，越来越多的人选择到欧洲旅游。博润国旅把握住了机会，将团队游与自由行结合起来，同时为高端人群定制独特的旅行计划。公司在以希腊为目的地的团队游市场份额迅速增长到 80% 以上。

"旅游和酒店行业聚集着非常勤奋、有才华、热情的人，我们在当地建立的关系使我们能够开发真正有趣的旅游产品。我们现在与许多全球顶级酒店集团合作：四季酒店、希尔顿酒店、凯悦酒店和丽思卡尔顿酒店。他们为我们提供特殊的价格，在旅游旺季保留客房，这是一般人做不到的。"

再接再厉

"公司的领导团队非常有情怀，"崔航说，"我们在希腊有 50 多名员工，业务模式方面我们一直在创新，同时也在不停招聘能力更强的人。过去三年团队规模扩大了一倍，成立了汽车租赁公司与酒店管理公司，但我们还想要做更多事情来把在希腊的成功经验复制到其他国家。为此，我们计划组建一个分销网络，涵盖所有想要拓展的市场：意大利、马耳他、塞浦路斯等。目前已经取得了成功，在这些国家建立了自己的团队。"

"目前的营业额是人民币 2 亿元，我们有更高的目标，未来四到五年内将达到 5 亿～6 亿元，这是一个巨大的增长，需要有足够'高'视野的人来帮助我们实现这一目标。他们应该对我们所做的事充满热情，并随时准备应对挑战。"

销售渠道对博润国旅的成功也至关重要，"我们有完善的 to B 销售渠道，但新产品同时需要 To C 的销售渠道。在这方面我们做了非常多的尝试，目前来看成效显著，我们与很多社群建立了战略合作关系，获取了很多流量，这给了团队很大的信心，业务正处于正确的轨道上。"

"我们也面临着挑战，公司业务跨越多个时区和文化，会面临不同客户的期望。"

了解这些对文化的期望和细微差别非常重要，因此必须雇用能了解这种文化的员工，"就好比服务中国客户，在中国当地组建销售团队是一条可行的路线，另一个方法就是在其他国家建立销售团队，但团队成员必须在中国生活过，或者非常了解中国文化。"

财务的挑战

所有这些增长都是要付出代价的，尤其是当一家企业在海外扩张，并招募高素质的领导者的时候。

"我们发展得非常快，在某些年份，收入增长率在100%～200%之间，我们通过让客户提前支付，避免了现金流断裂的风险。"

首席财务第一次与博润国旅打交道是为了解决企业在三板挂牌过程中遇到的一个难题。随着业务变得更加国际化，博润国旅需要加强对希腊子公司的管控。当崔航得知在过去几年里希腊公司每月向北京总部汇报的报表一直是以希腊文记录的，而公司财务又根本不懂希腊文时，他决定找一个合适的合作伙伴，了解如何管理财务，尤其是管理海外的子公司。

"我们联系了首席财务，它给我们派来了很棒的顾问，黄丹阳，她为我们之后的发展做出了非常大的贡献。她改变了希腊本土团队记账的模式与方法，建立了希腊子公司与北京公司的财务汇报体系，极大地加强了北京母公司对海外子公司财务的控制力度。"

如果你在创业，首席财务官将是你最关键的创业伙伴之一。业务是用数字来计量的，但是业务又是多方面的，所以你需要能够把你的挑战与数字联系起来。如果首席财务官可以用他们的经验将数字转化为建议，那么这真的很有用。这听起来可能有点简单，但本质上，建议可以围绕战略、团队、操作流程以及企业之间建立各种关系，包括财务和销售、财务和供应链、财务和系统设计。CFO对企业的商业模式理解度、投入度、热情度都非常关键。

后面发生的事情大家都已经知道，希腊遭遇了政府债务危机，与其他国家所有的大额资金往来都要经过政府审批，流程非常复杂。博润国旅在这样的环境下每年仍然保持高速增长。

"首席财务的黄丹阳的能力是多方面的，而且非常可靠，去年我们在她的帮助下取得了非常好的业绩，可以开始预测未来了。"准确的预测是业务发展的必要条件，而只有财务报告体系完善了以后才能进行准确预测。团队只有依据数据和准确的预测才能更高效、更迅速地达到既定目标。

"显然，我们面临的一个问题是，我们不是她唯一的客户，而且她有时会分身乏术。我们生活在现代社会，分工完全转移了，专业的事需要外包给专业的人去做，我们确保能够及时获得专业的帮助，遇到问题找到适合自己企业的切实可行的办法，这绝对是公司今天能够加快步伐的原因。所以这对我们是有好处的，在其他业务领域我们也采用同样的模式。"

规模化成长的准备

"我越来越发现，"崔航说，"随着业务的增长，我对日常工作的直接影响已经被团队所能产生的主动性所取代。"所以放手真正给予团队自主权来驱动他们出色地完成自己的任务，是规模化成长企业要做的最重要的事情之一。

■ 中小企业如何突破财务困境

解决规模扩张带来的财务问题：
三维度矩阵简介

三维度矩阵的目的是帮助你不仅识别痛点，而且分析它们形成的原因。

——首席财务

　　许多企业家都在努力理解 CFO 是什么和他们做什么，以及他们如何为企业增加价值。通常，当我们与一个潜在的客户会面时，他们一般会说"我们有出纳"或者"我们有一个（兼职）会计"。

　　三维度矩阵最初是用来向创业者解释首席财务官的工作到底是什么，并让会计、出纳放心我们不想把他们的工作抢走的。然而，我们很快意识到，这也有助于 CEO 们思考他们所面临的挑战以及如何以更系统的方式来应对这些挑战。通常，作为一个企业的 CEO，你知道企业发展的痛点在哪里，但很可能不知道痛点的来源：三维度矩阵的目的是帮助你不仅识别痛点，而且分析它们形成的原因。

这个模型不仅仅是理论。它是首席财务 CFO 们的集体经验总结，基于累计 200 年以上的工作经验。另一点非常重要的是，即使你从未与首席财务合作过，它也会帮助你了解 CFO 对你的业务的帮助以及它们可以在哪些方面增加企业价值。

模型的基本原理，即首席财务的理念是涵盖在那个领域"待过、见过也干过"的 CFO 们的丰富经验，他们知道"好企业"是什么样子，知道如何规模化成长；然后将这些技能提供给想要规模化成长，正在努力实现自己目标的中小企业。

我们想把这种理念编制成一个实际的模型，可供其他 CFO 在类似的情况下参考并应用。这是一个框架：CFO 们可以在这个框架下根据企业具体情况自由发挥自己的专业技能，而不是盲目地应用一套标准或流程。你做什么不是最重要的，重要的是你以什么样的方式，如何去做：知识是不重要的，除非它可以转化为行动来产生好的结果，而这需要与企业管理层密切配合。

我们使用三维度矩阵来形象地展示我们目前正在做的工作，与客户一起计划我们未来三个月的目标，并在接下来的一年中详细计划我们将要做的事情。

到这里，你可能会想，对像我这样一个正在规模化成长中的企业的首席执行官来说，拥有一个在大公司工作的 CFO 有什么用呢？他们能理解我们目前的处境吗？事实是，如果你渴望公司成功实现规模化的话，一个来自于已经实现规模化的企业的 CFO 对你而言才是真正有价值的。

在首席财务，我们只雇用那些有很强的战略眼光、商业意识并且经验丰富的首席财务官。我们不会把整个职业生涯都在咨询或审计领域的人推荐给你：他们必须拥有实际的财务管理、战略、人际关系和与你的行业相关的业务管理经验。

能找到这样的财务总监可不是一件容易的事：每 100 名申请成为我们财务总监的人中只有一人会被最终录取。

模型的另一个好处是让创业者在做决定时更加从容自信：他们可以更准确地评估他们做出的决策未来在财务方面可能产生的影响。这也使他们能够更快地做出决定，因为他们对未来的不确定性有了更多的把握。

这和 CFO 到来之前的生活形成了鲜明的对比：我们的客户经常谈论他们在首席财务官到来之前的恐惧。害怕犯错误，害怕做出决定和承诺会给企业带来遗留问题，担心公司的合规性：我们应该做的每件事我们都完成了吗？税务部门会突然到我们的企业来检查吗？这是困扰着许多创业者的问题，特别是当他们的企业已经从初创阶段过渡到规模化成长阶段，他们不清楚财务领域里还有哪些潜在的风险。他们需要一个"待过、见过也干过"的

CFO 们来帮助他们安全实现企业的既定目标。

维　度

矩阵有三个维度：

- 运营。

- 战略。

- 支持。

运　营

"运营"指的是财务运营，而不是指业务的运营管理等更广泛的话题。该模型关注的是现金和盈利能力两个方面，包括当前和未来。这些是 CFO 们最经常提供的服务。

有四个模块：现金流管理和业绩提升 (改善现金流)，内部控制和报告。

战　略

正如"运营"不涉及业务的运营管理，"战略"与企业在业务和市场方面的战略无关，而是与财务战略有关，即如何为业务提供融资以获取未来的现金和利润。

运营和战略层面与咨询服务有非常大的区别。这就是首席财务官和你的审计师之间的最大区别：公司聘用的会计师事务所的专业人士可以为公司提供建议，您的首席财务官——无论是你自己的首席财务官还是来自首席财务——实际上是在这个层面上进行工作，而不是仅仅提供建议。

支 持

模型的底层是支持，它代表了那些首席财务官不做但却要为之负责的事情。如果你有自己的首席财务官，他们将不得不找人来做这些活儿。就首席财务来说，我们总是以一个团队的形式为你服务，我们会为你处理那些你靠自己公司的财务人员处理不了的工作。同时，我们积累了大量的当地的中介服务机构的人脉关系，可以在你需要时联系这些供应商，按照企业的预算把项目布置给最可靠的中介机构，我们的财务总监代表你的企业监督这些工作的完成情况。

■ **案例分析**

小派科技

　　小派科技（上海）有限责任公司由一群虚拟现实技术狂热爱好者创办，他们痴迷于 VR，享受创造的乐趣，并且是国内最早一批虚拟现实领域的极客。公司的主要产品是不同分辨率的 VR 头显，主要通过第三方如天猫、京东、亚马逊等销售给终端用户。

　　虽然公司渴望进一步扩大销售，但总经理任攀也知道他们的产品是一个面向小众的零售业务：一个公司可以控制自己的产品研发进度，并看到它随着时间的推移而不断更新，但产品并不会满足大众的刚需。

　　在 2016 年，整个 VR 行业处在一个概念炒作的阶段，主要产品以硬件为主，软件与好的内容相对稀缺，公司抓住机会获得了包括星河互联、常春藤等风投数千万元 A 轮投资。

　　公司最初的销售渠道主要是天猫与京东，依托代运营管理网店，一切都很顺利，所以他们决定坚持线上销售，并向海外扩张，拓展更多的销售渠道。不过，很快就清楚地发现，随着VR整个行业遇冷，保持原有的交易规模并获利颇有挑战性。

在2017年，公司开始着手研发分辨率为8K的VR头显。这是公司业绩的重大突破，当年在美国kickstarter的VR行业众筹榜上取得了第一名的好成绩，众筹金额400多万美元。这对改善公司的现金流有非常大的帮助。

很明显，不断地研发新产品是拓展业务、增加营业额，乃至公司生存的关键。

"我在加入小派之前自己创业了很长时间，但失败了，"任攀说，"我学到的关键教训之一是：你无法控制宏观经济，所以没有必要去抱怨，你只需要适应市场或死亡。"

财务的挑战

为了使产品真正具有竞争力，并且能够扩大公司的市场优势，他们需要寻找方法来提高产品的利润率。因此，2017年，公司加强了海外市场拓展的能力，重新整合了供应链。任攀认识到他需要加强财务团队，于是就找到了首席财务。事实证明，这是一个重要的决定，因为在接下来的1年里，公司的收入比上年增长了三倍。

任攀还利用这一机会，让财务人员为董事会做了一个各项财务指标突出的简报，让他们从更广阔的视角来看待这个行业，以及它如何成长和扩张。

公司在首席财务的协助下，对整个财务功能进行了评估，对公司的税收做了规划，在很短的时间内，公司创建了一个强大的、管理良好的内控体系，这对于下一阶段的增长至关重要。

"我们的首席财务官有非常强的制造业背景，并且在零售方面很有经验。如果没有她，我们就没有办法为美国的众筹发货做充分的准备，也没有办法有效地管理国外的业务。"

"最近最大的挑战是如何与欧菲光建立长期的战略合作伙伴关系，欧菲光也是我们的潜在投资人之一，但他们的总部在南昌。如果达成合作，这对公司来说是一个很大的进步，能为公司带来更多的行业管理经验，此外通过欧菲光可以跟南昌当地政府建立起非常好的合作关系。"

"首席财务指派的财务总监非常能干，可以全面负责日常的财务运作。他帮我们编制了逻辑非常严谨的财务预测，赢得了欧菲光的信任，并帮助建立了一个更稳健（也更复杂）的现金流模型。"

这次融资与战略合作完全是由我们的首席财务官主导的，我们完成了会计师事务所的尽职调查与评估，完善了公司的业务发展模型。该模型表明：在获得投资后，公司将有足够的能力实现规模化成长，然后帮助企业坚持与投资人进行谈判，直到达成协议，这就是首席财务的价值，是最高水平的服务。

运营维度

"我的经营理论是要让每个人都能感觉到自己的贡献，这种贡献看得见，摸得着，还能数得清。"

——杰克·韦尔奇

现在我要提醒你一下，在本章和接下来的章节中我将重点介绍财务相关的内容。我说的是一个好的财务总监要做什么。如果你像大多数 CEO 一样，不太喜欢跟财务打交道，那么你可能会走神，会忍不住跳过去。

千万不要这样!

在这一章中，你会发现一些做法可以拯救你的生意。我们相信，当关系到你的企业生死存亡的时候，一些财务上的建议是不容错过的。

■ 中小企业如何突破财务困境

即使目前还看不到我在本书里所描述的情况，在不久的将来也很可能会遇到这些问题。我所讨论的是企业在规模化成长阶段一定会经历的财务难题。

所以，请不要走神。

现金管理

现金流问题

在房地产繁荣的刺激下，一家房地产中介公司的年销售额从3000万元上升到近2亿元。但它的迅速扩张带来了各种各样的问题，企业的所有者因为缺乏管理经验而束手无策。

在五年的时间里，企业失去了大量本应该抓住的机会，累计损失了大约4000万元的利润。各项成本居高不下，仅一年的各项行政费用就达到200万元。

当整个行业面临宏观调控，建筑市场放缓，收入下降时，公司的问题充分暴露出来。

销售低迷意味着企业在破产的边缘摇摇欲坠，公司债务超过1000万元。企业与银行关系紧张，银行随时准备停止授信。创业者目前看来有三种选择：一、公司宣告破产清算；二、等待一个新的投资人或大客户的到来，拯救公司，帮助他们还清欠下的巨额债务；三、重新掌控企业，二次创业。第三种选择包括大刀阔斧的内部改革，以及大幅削减运营成本，管理者还需要更加严肃认真地对待现金流问题。

严峻的事实是，如果没有现金，企业将无法为员工支付工资，拖欠供应商和债权人款项，并最终失去所有客户。

行业不景气，销售额的突然下降只是影响企业规模化成长、导致严重现金流问题的原因之一。高速成长企业的企业家往往缺乏足够的信息、专业知识、人脉渠道，他们经营的企业更加容易出现严重的现金流问题。

我们的一位首席财务官受聘帮助一个快速增长的轻奢箱包品牌——SHE'S，这家在广州的客户陷入了极其棘手的现金流问题。

这一切都是从我和 Kevin 在企业办公室的一次谈话时开始的。我问他生意如何，他说："现在真的很困难，虽然业务增长得很快，但我们缺钱。"

几天后，我去了他的企业，很明显，他的品牌名声很好，在附近很有名气。然而，他不知道如何正确地计算产品毛利，也不知道产品的真正成本到底是多少，等等。

这是一个时尚的品牌，所以他是一个很有创意的人，他花了太多的钱在与产品无关的事情上。交往了很多的异性朋友，如果他还是这样乱花钱的话，他的企业基本上就倒闭了。

我们去公司查了一下他的账，说："您得把全部注意力放到企业经营上。然后需要裁减一半的员工。您还得弄清楚企业产品的成本到底是多少。顺便再说一句，您必须找到 20 万元来支付税费，然后修复与银行的关系。"

虽然我们对他采取了强硬的态度，但他听从了我们的建议，他的生意慢慢回到了正轨。

那是三四年前的事了，如今他的规模化成长已经带来了稳定的现金流和可持续性，一个好的财务规划可以让他少走很多弯路。

为什么现金流对处在规模化成长阶段的企业来说是如此巨大的挑战

你的业务发展，特别是当你的企业处在规模化成长阶段，会给你的现金流带来巨大压力。你可能会认为你不会有这方面的问题，因为利润正经历着高速增长，但，扩张会加剧现金流管理不善所带来的问题。

一般来说企业在初创阶段必须进行必要的投资，并在实现规模化带来的更高的收入和现金流之前承担一定的费用。现金是每一家企业所依赖的氧气。没有稳定的供应，企业就无法生存。即使企业盈利，也是如此。可惜的是，许多破产的公司在进入破产清算时是有利可图的。

会计界没有更好地提醒创业者，盈利与现金盈余不同，亏损与现金损失也不同。在任何时候，你的利润都可能被库存 / 应收账款 / 债务人所束缚，你完全无法获得现金流。

在你的生意中真正重要的是手头有现金储备，这样你就可以抓住机会扩大你的业务，并在紧急情况出现时平安渡过难关。真正成功规模化成长的企业资产负债表上的现金是不成功企业的很多倍。这或许可以解释为什么这些公司能够更好地抓住机遇或运气，而当运气不好时，他们也能更好地抵御危机，依旧保持增长。

规模化成长企业如何才能有效控制现金流

如果现金流是一个问题，那么首先要做的是获得非常清晰的能见度。最终的解决办法是建立良好的财务规划和预测系统。

当现金流很紧张的时候，供应商开始上门催款，甚至拒绝供货，每月支付工资和租金的压力越来越大，你开始拖延支付社保或各项税费，等等。如果你的企业开始发生这些情况，那么需要做的第一件事就是立即编制一份 10 周左右的现金流预测，预测未来资金的收支情况。这需要详细、逐行、一周一周地完成。这个短期现金预测会告诉你未来在哪个时点上现金可能会出现问题。

这样你就可以立即采取行动，以更快的速度带来收入，并推迟现金流出，尽快恢复资金收支平衡。虽然这对财务经验丰富的人来说并不是一件特别困难的事情，但我们一位在通信行业的客户认为这一张纸"改变了他企业的命运"。他可以非常清楚地看到未来三个月企业的现金流，哪里有可能遇到困难，他会有充足的时间应对，这让他能够在晚上好好睡觉。

如果现金压力很大，那么同时需要你按月编制一个年度财务预测，这个财务预测包括以下三个报表：

1. 损益表。

2. 资产负债表。

3. 现金流量表（将利润调整到现金）。

编制第四个报表，即使每月的现金流报表（收款和付款），也很有必要。

如果你的企业的现金流压力不大，那么你可以先把精力集中在年度财务预测上，这将使你对企业未来发展有一个非常宏观的把控，短期可以结合预算来监控现金收支。

最后要注意的是确保短期的10周现金收支预测与长期的年度财务预测金额一致，不要互相矛盾。

不管你的业务是"大"还是"小"，如果你开始准备编制10周收支预测和年度财务预测，你就需要每周将预测数字与实际现金收支进行比对，这就是你的现金基础规划和管理系统，它们可以确保你在规模化成长阶段不会出现现金流的问题。

当然，仅仅编制现金流预测并不能确保你不会有现金流的问题！你还需要仔细审阅这些数字，然后采取积极行动改善现金流，或者寻求合适的融资方式，以弥补预测所显示的任何现金流缺口。

企业有哪些改善现金流的渠道

通常情况下企业家会知道自己的企业是否面临现金压力。从上面列出的各种信号来看，这是显而易见的。

但通常情况下，他们会立刻开始寻找资金，以填补眼前的资金短缺。他们可能拿出个人积蓄，向朋友或家人借钱，寻找投资者，或从外部各种渠道借款，包括订单融资、保理、小额贷款、抵押贷款、P2P、众筹，有的甚至是高利贷。

这种方法的问题在于它不是战略性的，除非你对你需要多少钱和多长时间有一个清晰的了解，有真实的佐证信息，很可能在你的圈子之外的任何人身上都借不到钱，因为他们不相信你说的话。

我们在宁波的一个客户因过度扩张在企业的历史上第一次遇到了现金流问题。幸运的是，他们及时告诉了我们。

"他们的 500 万银行贷款很快就用光了。"我们的一个合伙人回忆到。

"我们来了以后，把他们的账仔细梳理了一下，做了一个新的财务预测，在几个月时间内为他们争取到了一笔 1000 万元的贷款，"他说，"这实际上让他们进一步扩大了业务。"

我们合作了一年以后，客户赢得了一个巨大的订单。在对供应商的财务状况进行调查的过程中，这家客户在审查的所有领域都一次性通过。

在一年以前，他们根本就不可能接到那样的生产外包订单，但在与他们深度合作并给他们争取到一个合适的信贷额度后，这家客户快速地扩大了他们的生产能力，接到的订单金额也越来越大。

因此，从我们的角度来看，我们不仅围绕客户财务状况建立了一个现金流的预测与筹划机制，我们还实际安排了客户与金融机构或投资人对接，帮助他们获取必要的营运资金，实现规模化成长。

企业如何知道它的现金流已经得到了有效控制

本书前面部分提到一些迹象，表明企业的现金流已经失控。下面的五个迹象，表明你已经重新控制了企业现金流。

1. 晚上可以好好睡觉了。

2. 不用花大量时间去解决突发的现金流问题。

3. 会定期审阅每周和每月的现金流量预测。

4. 在审批现金收支时，不会发现意外。

5. 银行职员会面带微笑来企业登门拜访。

业绩提升

压缩费用比降低成本更容易，比如出差住宿，可以5星变4星，4星变3星，3星变锦江之星。

——苏锡嘉

博润国旅是一家业绩快速增长的旅行社。在开始的10年内，它的销售收入从零增长到2亿元。企业创始人张总白手起家，公司业绩蒸蒸日上。

但有一个问题：虽然企业的销售额的增长令人印象深刻，但利润表的情况却不太稳定。有些年份很好，但在另一些年份，公司很难盈利。

企业管理团队在工作上越来越努力，但预期的利润增长似乎从未实现。他们感到紧张不安。

我们通过一个朋友相互认识，他们同意让我去他们的主要旅游目的地——希腊看看，亲自了解一下博润的业务流程，同时分析企业财务状况，帮张总解决他现阶段遇到的问题。

我的初步调查表明，博润的管理团队有巨大的吸引力，能吸引到各种人才。很明显，张总对旅游行业了如指掌，拥有一些惊人的人脉，在极具竞争力的出境游市场上，拥有出色的运营能力，有一支训练有素且充满活力的销售团队，以及强大的地接服务和后勤团队。

有了这些优势，加上张总的企业家领导才能，难怪企业增长如此迅速！

不过，也很明显，他把所有的时间都花在"做业务"上，而很少花时间"做规划"，企业缺少一个明确的战略和计划可以让管理层专注于提高盈利能力。

这是一项高交易量但低利润率的业务，成本结构哪怕一点微小的变化都将对利润率产生很大影响。我请来了黄丹阳，我们最优秀的首席财务合伙人之一，对博润的不同旅游产品的定价和盈利能力进行了更加彻底的分析。

分析的结果出人意料，博润的最强劲的销售增长来自于去希腊的旅行团的数量增加。不幸的是，他们的盈利能力很低。加上希腊各个岛屿在旅游旺季的接待能力有限，有时，在扣除行政费用以后，整个部门会变成亏损。

相比之下，高端定制游和旅行婚纱摄影是更加有利可图的。

高端定制游的不利之处是无法进行标准化。个人的兴趣爱好、需求不尽相同，导致旅行的线路不同，无法进行规模化。

然而，旅行婚纱摄影业务增值迅速。博润迅速与旅拍达成了合作意向，共同在希腊成立了合资公司，博润的管理层在希腊都有很多年的生活工作经验，对古老的希腊文化非常熟悉，团队能够将令人兴奋的拍照景点和行程安排与希腊当地的历史文化紧密结合，在世界上最古老的国家之一为客户留下最宝贵的纪念。

张总立即将注意力集中在"做规划"上，而不是"做业务"上，并开始向利润率高的定制游和旅拍行业进军。管理层知道他们必须开发出更加独特的"旅游产品"，还需要加强企业的营销工作，更有针对性地重新规划营销支出，同时采用了一种能及时监控效果的广告投放方法，而非在一开始花掉全部广告预算。

在做出上述调整以后，企业 2017 年的利润达到 1400 多万元，相比 2016 年的 150 万元，大幅增长了 10 倍。

企业也因此决定开始上市的计划。对于张总和他的管理层团队来说，这是一个非常好的结果。

博润的案例表明，任何一家企业，不管它如何运行，增长速度如何，都需要对其市场情况和利润水平有非常透彻的了解，进而提高其盈利能力。

现金流和利润的区别是什么

很多企业的会计们没有提醒创业者，盈利与现金盈余不同，亏损与现金损失也是两码事。在任何时候，你的利润都可能被库存／应收账款／债务人所束缚，你完全无法获得现金流。

我之前提到的现金流量表以"利润"开头，以"产生／消耗现金"结束。这是一个经常被忽视的工具，用来向企业家展示利润和现金之间的关系。以历史信息为基础编制现金流量表，并以这种方式进行预测，可以很快彻底理解图表，有助于提高利润水平和现金储备。

为什么利润对规模化成长很重要

每个人都知道，在任何行业中，盈利能力都是至关重要的，而对于相当一部分人来说，经营企业的首要目的就是发展业务，创造利润和分享收益。

从本质上讲，利润显示了你的生意做得有多好。

对于一个规模化成长的企业，利润同样至关重要，原因如下：

- 它为你的投资提供回报。
- 它提供了奖励员工的机会。
- 它更容易吸引投资者和更多客户。
- 它使你更容易借钱，并通过谈判降低利率。
- 它可以被重新投资于新业务，扩展新的市场、研发新产品。
- 它为经济低迷和市场状况的变化提供了缓冲。
- 它使雇用更多人才成为可能。

然而，你实际上不能"投资"或"花"利润：你只能投资或花掉由这些利润转化而来的现金。

可以利用什么方式来提高盈利能力

从根本上说，你只有用以下四个手段来提高企业的盈利能力：

- 销售更多。

- 销售更频繁。

- 提高价格。

- 降低成本。

如果你能同时做到这四个，你的利润就会成倍增加。即使改变这四个因素中的一个，你的利润水平也会得到改善。

一位兼职首席财务官回忆说，他发现一家公司的利润受到了计算销售佣金方式的严重影响。当时，公司的销售佣金是以营业额为基础的。

"我认为这是错误的做法，因为企业可以在没有产生任何利润的情况下获得大量的营业额。"他建议（最终被接受）销售佣金应该取决于销售人员为企业带来多少利润。

"我们计算出每个销售人员给公司带来了多少利润。很明显，他们中有一半根本没有带来任何利润。而另一半没有得到足够多的应有的佣金回报。"

"有了新的制度，那些没有带来利润的销售人员将得不到任何回报。以前认为自己做得很好的人会意识到自己的表现不如他们之前预想的那样好。这促使他们大大提高自己的工作效率，因为他们更加清晰地了解了实际情况。"

在另一家公司，他说服了业主，让他们明白营销不是一种间接费用，而是一种销售成本。

"这样，只要广告能带来额外的利润，他们就可以在广告上花钱。我们计算出一个公式，他们开始花费数百万元，而不是原来的几十万元，每天在各种媒体上做广告。"

"我们成功地把它从一家能在好的年份赚到一些钱，而在差的年份仅仅盈亏平衡的企业，变成了一家一年到头都赚钱的企业。"

销售更多，且更频繁

在销售需求的推动下，大多数企业主都会追逐新的客户。

这可能是一个昂贵的做法，因为它往往涉及更多的营销和广告支出。

据中欧国际工商学院（CEIBS）营销学教授王高表示，获得新客户的成本可能是满足和留住现有客户的 5 倍。

那是因为说服人们第一次从你那里买东西是很困难的。潜在的客户害怕选择错误的供应商并浪费他们的钱。

如果你的销量很低，最好把注意力集中在你现有的和以前的客户身上，找到办法激励那些人或公司购买更多的东西，并且更频繁地采购。

现有的和以前的客户对与你做生意没有潜在客户那样的恐惧，你已经证明可以从产品或服务中让他们得到想要的好处。

一般来说，忠诚客户的价值是他们第一次购买商品或服务价格的 10 倍以上。

向现有客户和过去的客户推销也有其他好处：它降低了你的退货率，增加了好口碑的可能性，降低了客户从你的竞争对手那里购买的风险。

更好的是，据王高教授说，客户重复购买率增加 2% 的效果与降低成本 10% 的效果是一样的。他说，根据行业的不同，将你的客户流失率降低 5% 可以提高你的盈利能力 25%~125%。

提　价

很多时候，企业主认为他们的价格一定低于他们的竞争对手。他们认为，如果他们提高价格，他们将失去客户。但这两种假设都是错误的。

这一切都归结于对价值的敏感度。人们很乐意为他们认为具有高附加值的产品或服务支付更多的钱。价格小幅上涨，会对你的利润率产生积极影响。一个产品或服务的成本与其售价之间的差距越大，利润就越高。

您可以利用价格变化作为一个契机，强调你的产品或服务的好处。一个好的解释也可以加强你与客户的关系。此外，要记住，定期小幅涨价要比突然的大幅度涨价更容易被客户接受。

降低成本

那些无法有效控制成本的公司往往被迫借款，但后来发现偿还债务会进一步侵蚀它们的利润。

削减成本的好处是，它会对你的利润产生短期的直接影响，因为节省下来的每一分钱都能转化成额外的利润。

但在采取任何行动之前，你必须仔细考虑成本削减对你提供的产品或服务质量的影响。毕竟，如果提供的产品或服务质量不高，即使价格再便宜也没有人去买，削减成本的前提在于产品或服务质量不受影响。

如果你大幅裁员，你可能会发现你剩余员工被额外的工作压垮了，而且对他们自己的工作前景也感到不放心。员工士气可能会下降，这将对生产率产生不利影响。

在成本核算方面经验丰富的专业人士可以帮助企业梳理成本结构，与工程师一起讨论提高生产效率，改变生产流程的可行性，在保证质量的前提下最终降低生产成本，提高企业利润水平。

内部控制

我们所说的"内部控制"是什么意思

为了业务的发展和壮大，你需要不断做出决策并采取行动。那些决策和行动所涉及的资源越多，你就越有可能得到预期的结果。因此，随着企业的发展，越来越多的人需要参与到决策的过程中来。

当企业处于规模化成长阶段时，在决策过程中一旦失控将导致企业资源或资产的损失。在不失去控制的情况下实现有效管理，是许多创业者夜不能寐的主要原因。因为，一方面，你不能做所有的事，但另一方面，你又不想冒其他人做出的糟糕决策可能损害企业的风险，或者不想把你的信任寄托在那些让你失望，甚至窃取企业资产的人身上。

内部控制或者说好的业务流程可以帮助你降低这些风险，为你腾出更多的时间，并使你的企业能够在低风险的情况下实现规模化成长。

内部控制并不仅仅针对大公司

我们经常在头条新闻中看到因为缺乏内部控制导致欺诈的事件，它们看起来似乎只发生在大公司、银行甚至政府部门，但内部控制绝不仅是大企业才该有。对于那些希望规模化成长的中小型企业来说，内部控制同样至关重要！

回报是什么

我曾经见过一家公司的 CEO，他告诉我，他刚刚解雇了他的高级财务人员，因为她偷了公司的钱。

作为一名财务人员，通常会拥有很大的自主权。而内部控制应该使处于这种位置的人无法做出损害企业利益的行为，例如偷窃。然而，在规模较小的企业中，这些内部控制往往会被打破，过多的权力集中在少数几个人身上。

我在第二天到企业与管理层会面时得知，这位前财务人员不仅从公司偷钱，她还授权将企业从一间旧的办公室搬迁到一个装修豪华、配有全新家具的新办公室。

但是企业账上没有钱来支付这一切。会议开始几分钟后，我意识到必须帮企业融资到 25 万元来支付已经发生的这一切。

这是一家无法获得银行信贷额度的公司。他们与一家贷款公司签了合同，需要每年支付 20% 的利息。与此同时，我们还不得不把钱花在搬家上。

幸运的是，首席财务拥有一定的人脉关系。每位合伙人都在这个领域中从业多年，我们积累的人脉关系很有帮助，打了几个电话，我帮助这个企业解决了融资问题，每年大约 7% 的利息。

这比他们现在的贷款条件好多了。企业逐渐重新回到了正常发展轨道上。

但是，欺诈并不是企业需要一个强大的内部控制流程与框架的唯一原因。在企业规模化成长阶段，为了让你从事无巨细的工作中解放出来，你必须找到一种有效的与其他员工的授权与合作方式，这样你就不会亲自处理所有事情。制度和流程设计的初衷是释放管理层大量时间的同时，仍然可以控制企业，良好的授权是关键。

万总是著名校园连锁咖啡品牌"时间胶囊"的创始人，"时间胶囊"从上海起家，依托华东师范大学、上海交通大学内的几家品牌旗舰店获取了千万规模的融资。万总在创业时往往事无巨细，亲力亲为，但为了实现全国性校园连锁店的目标，他逐渐意识到需要稍微退一步，开始做规划，招聘职业经理人来管理日常业务。他不想冒险让企业在快速扩张的过程中失控。

我们帮助企业建立流程和内部控制系统，为管理层提供每周和每月的财务信息。他们可以获取每一家店的盈利细节。这种方式允许他们的店长每天负责每一家店的运营，而只在大的方向上规划每一家店的发展方向，在全国层面策划、举行一些活动。

这种方式使得"时间胶囊"品牌在全国范围内的扩张变为可能，在一年的时间里，门店数量由上海的 7 家快速扩展到全国范围内的 52 家。

■ 中小企业如何突破财务困境

如何发现问题

随着公司的发展，每一个创业者都会经历这样的过程：从了解企业内部运作的每个细节，到失去对部分非核心业务的控制。

这是因为管理者不再参与日常琐碎工作，无法再以之前习惯的方式了解企业的每个细节，或者至少看的东西没以前细了。

不要因为部分内控缺失感到焦虑，即使是规模非常大的国营企业和外资企业也难免出现这种情况。

内控的缺陷会以不同的方式表现出来。企业可能没意识到某个客户没有付款，因为没有一个系统来防止类似事件发生；或者是没有察觉到有几个工作效率很低的员工，因为内部没有对员工绩效进行实时监控的体系。

企业会对员工感到失望，因为原本是希望他们用自己的主动性来解决问题。反过来，员工也会因为没有得到明确的工作描述和足够的资源而感到烦恼。

也许企业会出现很差的现金流，或者积压了大量的存货。你可能会发现自己常在会议中准备不充分或者会后没有收到会议纪要，因为你没有时间去收集开好会议所需的全部信息。

你可能在钉钉里建了很多任务（创建新的计划书、跟踪退税的进度、报送重要的标书），但却没有精力来对这些任务进行实时跟进，因为后续的任务需要由他人完成，你对实际情况不是特别了解。结果会导致焦虑，某天几乎把它们遗忘的时候，才发现它们还没有得到有效解决。通常，到那时，问题就升级了。

所有这些都是一种混乱不堪的感觉。

我们客户中的许多创业者一直觉得把企业做大很难，因为他们本能地知道，企业缺乏规模化成长所需的系统和流程。如果能把工作委派下去，并且相信依靠企业内控制度工作会得到很好的执行，就会对规模化成长这件事充满信心。

内部控制必须随着时间的推移而不断完善

仅仅创建内控是不够的，尤其是在快速变化的规模化成长环境中，你必须保持跟进，以确保系统能跟上公司的发展。

创造、发展和创新的压力意味着旧的系统很快会被淘汰，需要重新思考和重建。这是企业家面临的重大挑战之一。

报　告

如果把经营比喻为驾驶飞机，会计数据就相当于驾驶仪表上的数字，机长相当于经营者，仪表必须把时时刻刻变化着的飞机的高度、速度、姿势、方向正确及时地告诉机长。

—稻盛和夫

■ 中小企业如何突破财务困境

财务报告不全是开支

当我们向 CEO 们询问什么是财务报告时，他们的第一反应通常是快速地转动眼球，然后会说："财务报告不是一种开销吗？"

这可以理解，毕竟，作为一家初创企业的 CEO，他们知道每天发生了什么，收入多少，支出多少。但是，在规模化成长的过程中，财务报告是非常有价值的。

"混乱"是我们某位客户 CEO 描述他的业务时用到的词，不幸的是，他言中了。他与客户开会经常迟到，不确定销售团队表现如何，业务助理也厌倦了接听愤怒的客户投诉。

他承认自己并不确定公司财务报表数字是多少，但他确信自己企业的财务状况"非常好"。那么，他多久看一次财务报告？回答是"很少"，他一边跑去处理另一个"紧急情况"，一边承认，"我倾向于相信自己的感觉。"

要想取得成功，企业管理层需要及时地获得准确的企业财务信息，需要在问题第一次出现时就能够发现并解决。

当创业者需要清楚地知道他们的业务如何运作时，就需要建立一个可靠的财务报告系统，并且根据事实而不是猜测来做出决策。

不清楚真实的财务状况将使企业处于非常不利的地位，使用糟糕的数据和报告很难做出好的决策。没有以正确的方式收集准确的信息，有效的分析和精确的预测是不可能完成的。

很多企业过了很久才引入合适的报告系统，就好比等待火灾发生以后再把火扑灭，这不是一个明智的做法。最好的状态是有防火策略，在更安全的环境中工作效率也会更高。

为什么财务报告很重要

财务报告的重要性体现在两个方面：

- 提升对未来的可见度（知道未来可能发生什么）。
- 回顾过去的表现。

没有财务报告提供的洞察力，就像车的前挡风玻璃被雪覆盖，想安全驾驶这辆车几乎是不可能的，到达目的地的可能性几乎为零。

但是，如果花一些时间去除去挡风玻璃上的积雪，周围的一切都将清晰可见，这是安全驾驶的前提条件。

精心设计的财务报告在经营企业过程中起到了同样的作用：它们是那些雄心勃勃的高成长公司 CEO 的秘密武器。财务报告会向你展示公司过去的表现，以及离实现目标还有多远。

三个报表

综上，你应该关注哪些财务信息？

你每月至少需要分析三个关键的财务报表，它们是：

• 资产负债表。

• 利润表（也称为损益表）。

• 现金流量表。

你需要在每个月的前两周内得到上个月的财务报表，你还需要看到未来企业的财务预测，如上文所述，最好是未来整年度的预测。

这三张报表中包含非常宝贵的信息，可以用来更有效地管理你的企业。本质上，它们会展示给你：

• 银行目前有多少现金，预计在银行有多少现金。

• 你的销售收入和业务支出，以及未来可能发生哪些变化。

• 无论是现在还是将来，你欠别人什么，别人欠你什么。

有了这些，你一定可以规避那些让许多成长中的企业出局的致命的雷坑。

战略维度

"您好，我该走哪条路？"爱丽丝问。

"这很大程度上取决于你想去什么地方。"猫说。

"我不在乎去哪儿。"爱丽丝说。

"那方向对你来说不重要。"猫说。

——路易斯·卡罗尔《爱丽丝梦游仙境》

在前一章中，我们研究了现金管理与业绩提升。在这一章中，我们将研究如何在战略层面提升业绩。

计　划

位于广州番禺区的"优美生活"正享受着销售额的快速增长，他们专注于为各中小型便利店提供供应链服务，他们需要不断拓展新的前置仓，这样可以减少运输和服务成本，提高配送速度。

公司负责人谭总表示："我们不想错过发展业务的机会，因此决定在佛山设一个仓库。我们在当地新招聘了几个人，但额外的工资和租金意味着佛山的所有业务都是无利可图的。最好的销售人员已经派往佛山，销量有所增长，但利润却非常低。"

"在新仓库的第二个季度，情况变得更糟。我们的广州市场，销售增长率在下降，而在佛山仍然亏损。我们没有覆盖运营成本，现金流变成了负值。"

谭总决定关闭该仓库，这意味着核销前期投资并支付额外的关闭成本。"我们要改变自己的经营模式，而今年我们肯定将亏损。"

他承认，在采取行动之前，他最大的错误是没有充分地做好计划。

计划是任何企业成功的关键，无论企业的年限长短和规模大小，现实情况是，我国超过一半的中小企业没有清楚的商业计划。

商业计划书会列出企业战略方向、主要业务和财务目标、为实现这些目标所采取的必要行动、新的投资与研发项目，以及它们对企业业绩的影响。有些企业认为商业计划书没有必要，根据最近的一次市场调研，近五分之一的企业倾向于把商业计划仅仅保留在他们的脑海里。

根据我们对 1000 家中小企业的调查显示，有商业计划的中小企业客户中 62% 的利润在逐年增加，这高于未编制商业计划的中小企业客户，只有不到 50% 的未编制商业计划的中小企业客户利润在逐年增加。

调研同时显示，那些有商业计划的企业比那些没有计划的企业成功达成目标的比率要高出两倍（72%：35%）。

在那些没有商业计划书的企业中，很多管理者认为他们会花太多的时间去做这件事（"太忙了，没有时间"占 19%）；部分似乎没有意识到有人可以帮助他们做（"9% 的人认为没有人可以帮助我做"）；6% 的人说他们没有这样做是因为"对数字不敏感"。

你有商业计划吗？如果有，最后一次提到它是什么时候？公司管理团队成员熟悉战略目标吗？当企业做出改变方向的决定时，会相应更新商业计划书吗？

编制一个深思熟虑的综合商业计划是一项艰巨的任务。现在就要把接下来 3~5 年的企业目标和可能发生的结果全部想清楚是非常难的。但是，现在的艰苦工作意味着未来的工作更加轻松，我们首席财务的所有兼职 CFO 都可以证明这一点。

大多数企业负责人日常业务繁忙，很少有大量时间去思考企业的战略计划，更没有时间就该计划与其他人沟通，让整个企业的员工都参与到实现伟大的商业愿景中去。

在实际工作中更难的是管理商业计划。在快速扩张的企业中，重大的战略调整是很常见的，对于这一点创业者应该会欣然接受。难的是如何管理日常的变化，这需要耐心和大量的时间以及专业知识。

制订商业计划兼具艺术性与科学性，它可以帮企业清晰地指明未来的发展方向，这也是一位经验丰富的兼职 CFO 可以带来的贡献。

缺少一份清晰的商业计划通常会导致企业的工作出现混乱。我们的潜在客户往往感觉企业"不受控制"或者"不知道下一个坑在哪里"。

如果商业计划编制的过程敷衍了事，那么这些创业者往往没有办法像那些前期花了大量时间和精力打磨商业计划的人一样，更有方向感进而更加投入。

我们的兼职 CFO 经常发现他们的客户做了许多行动计划和战略思考，但需要一个经验丰富的财务伙伴对它们进行补充与完善，进而引导企业朝正确的方向不断前行。

作为一个首席执行官，缺少一个资深财务总监作为创业伙伴，想成功是非常困难的。CFO 通常拥有与 CEO 不同且互补的技能。

企业主通常会招一些与自己有相同认知的人。但是当你的主要团队成员拥有不同且互补的技能时，就会更加容易实现规模化成长。不断地以同样的方式和同样的人做同样的事情通常会产生一样的结果。

如果你在担心是否组建了正确的团队，是否有充足的资金，或者商业计划是否可行，那么我们建议你花更多的时间来打磨项目细节。

一家企业在事先没有一个周密计划的情况下取得成功是小概率事件。

我们的兼职 CFO 经常发现客户本想做一个大生意，最后却发现自己每天深陷工作细节不能自拔。有了充分的商业计划，就能够将更多的时间用在管理企业上，而不是每天在日常的工作细节中疲于奔命。

无论创业者的目标是什么，完善的商业计划对于企业来说都是好事。一个结构完整、持续更新的商业计划会让人更加确信企业的目标是真正能够实现的。

编制一个强大而周密的战略计划的好处

一个时常更新的商业计划或企业发展战略会增加创业者对企业的控制力，否则创业者会在创立企业的最初阶段就感觉迷失。

商业计划将减少你在企业规模化成长过程中遇到的混乱。新的项目将不可避免地带来新的挑战，但是有一个既定的框架，让工作环境中的每个齿轮都能和谐地转动，将有助于应对未来的干扰。

在企业规模化成长阶段，商业计划可以帮助管理者事先识别未来潜在风险，并在危机爆发之前予以防范。企业文化从一种消防文化转变为一种预防文化，你的团队的每一个成员都能切身感受到好处，的客户也能从中受益。

风险管理

"这个世界变化如此之快，最大的风险就是不冒风险。"

——马克·扎克伯格

风险不就是商业的自然组成部分吗

冒险与创业成功密切相关，经营企业要不断地平衡风险与报酬。如果你在创业，那么你很有可能正在承担巨大的商业、财务和个人风险。

然而，越来越多的证据表明，非常成功的企业（成功实现规模化成长的企业）比一般企业更善于管理风险，同时这些企业在面临困境时有更好的应对方法。

许多企业家青睐的"先射击后瞄准"的方法非常适合快速地实现目标。然而，这往往会危及企业的长期稳定。

企业真正需要的是平衡。

如果不管理风险会发生什么

很多企业花了大量的时间去担心可能出问题的地方，但却没有一个完整的风险管理框架。

不知道可能出现什么样的危险，包括：

• 钱什么时候用完。

• 新产品上市是否可行。

• 竞争对手是否有资源和动机发动恶性竞争。

• 渗透新市场的风险是什么。

• 市场是如何变化的（以及对未来计划／产品／服务的影响）。

• 经济变化是否会改变竞争环境。

创业者还需要清楚地了解如下内部风险：

• 什么产品能带来最大的利润？

• 如果团队中的关键成员离开，会发生什么情况？

• 市场在什么时间会出现饱和？

首席执行官如何管理风险

进行风险分析或风险识别是首席执行官首先应该做的事情，然后需要定期审查。

■ 中小企业如何突破财务困境

特别需要提示的是：在业务活动中，高级管理团队每个人承担的风险度是不同的。例如，财务总监不太可能与销售总监承担同样的风险。

风险分析是企业风险规划流程的第一步，目的是识别你的企业的潜在风险。一旦了解了潜在风险范围，就能够制定出有效的、现实的策略来应对这些风险。

看看商业计划书，确定创业过程中必不可少的东西，以及什么样的事件会对这些东西产生不利影响。如果公司的重要文件被无意销毁了怎么办？如果无法上网怎么办？如果一个关键员工辞职了怎么办？如果生产设备损坏了怎么办？如果你最好的供应商倒闭了怎么办？如果你的一个关键客户破产了怎么办？如果你依赖的服务（比如 IT）无法获取怎么办？

考虑那些可能影响公司的最糟糕的事情，可以帮助你提前应对这些风险。

风险等级分析

在分析风险的过程中，你需要弄清楚它发生的可能性（频率或概率）以及它可能产生的影响。对于风险的等级，你可以用下面的公式来计算：

风险等级 = 后果 × 可能性

风险等级通常被分为低、中、高或非常高几个级别。一旦确定了与你的业务相关的风险等级，就需要制定出管理这些风险的方法。

同时，需要将可以接受的小风险与必须立即应对的重大风险分开。

控制风险的方法主要包括以下四个基本原则：

- 转移风险。

- 避免风险。

- 减少风险。

- 承担风险。

伟大的企业都有很强的控制风险的能力。

退出计划

59 岁时，彼得·麦基准备出售他在上海安福路的 The Apartment 酒吧，并找了一位经纪人。

在参观了酒吧，会见了一些关键员工，了解了财务情况后，这位经纪人告诉彼得，企业的价值在 4000 万~6000 万人民币之间。

"什么？"彼得说道，脸上泛着一丝令人不安的尴尬，"就在两年前，我还拒绝了一亿元的报价。"

"那您当时为什么不接受这个报价呢？"经纪人问道。一亿元？在短短两年的时间里，这家企业的估值为什么减少这么多？

"原以为我儿子会接管这件事，而且业务会更好，所以我一直在等他接手，"彼得一边回答，一边在努力控制自己的情绪，"但我错了。他对酒吧这事一直不感兴趣，而且酒吧业务也不如之前那么景气。记得之前这里一晚上的消费就能达到数十万元，阔少们不停地开高档红酒，就像钱多得烫手一样。"

在最初报价之后的几年里，由于经济不景气，彼得的酒吧业务停滞不前。尽管股东们建议他尽快出售，但他顽固地拒绝接受那些低于他心理预期的报价。

一年后，由于找不到买家，他关闭了酒吧，解雇了剩余的员工，并且负债累累。

如果他早在几年前就计划好他的退出方案，毫无疑问，彼得将能够在巅峰时期卖掉这家公司，从而避免上千万元的损失。

你有退出计划吗？如果没有的话，你并不孤单：据估计，只有7%的企业家认真地计划过他们一手创立起来的企业的最终命运，尽管45%的人想在50岁之前退休。

鉴于大多数创业者在经营企业过程中都花费了巨大努力，他们中的很多人并没有计划退出。许多企业家往往是在机缘巧合的情况下出售了自己的公司，其实他们从来没有主动推销过自己的企业。

没有例外的是，每位企业家都将在他们的有生之年或在死亡或丧失能力的情况下转移他们的商业利益。

出于这个原因，退出计划应该永远是商业计划的一个重要组成部分。如果早一点开始准备，将会有丰厚的回报。

根据最新的研究，只有一半的企业家愿意出售他们的企业，而且知道它的价值。

即使不会很快地卖掉自己的企业，但制订退出计划最好的时机仍然是开始创业的阶段，第二个最佳时机是现在。兼职 CFO 可以帮助制定退出策略，并为你提供最适合企业的路线。

首席财务经推荐为一家由一对夫妇在贵州开办的小学生英语培训公司"内趣英语"提供服务。

公司业务发展得很好，但问题是面临的选择太多，以至于有些无所适从。

他们做得不错：服务市场需求很大，各项开支不多，利润可观，所以他们需要决定下一步该往哪里走。他们可以继续投入，实现规模化成长，在其他三四线城市提供同样的服务。

我们决定做三件事，其中之一就是仔细地研究一下他们的行业。我们研究了他们的定价和市场份额，但最重要的是他们想要什么。

他们想在未来一个好的时点把企业卖掉，所以从创业开始所做的一切都是为了实现这个目标。三年以后，我们找到了潜在的买家。我将我们的律师引荐给了他们，并与潜在买家和他们的律师积极合作，完成了整个并购过程。

退出或继承，选择是什么

简而言之，当你最终想退出的时候，有五个主要的选项：

• 把所有权转移给子女。

• 把公司卖给其他合伙人或员工。

• 把公司卖给其他企业。

• 上市，在交易所挂牌交易企业的股票。

• 清算，特别是当企业的产品或服务达到其生命周期的终点，并且不再有市场需求的时候。

退出计划的好处

无论你的企业处于创业阶段还是规模化成长阶段，退出计划都是创业者需要考虑的最根本和最重要的问题之一。出售企业是对你创造的巨大价值的变现，通常需要很多年来实现。

有了正确的计划，退出意味着你可以实现一些重要的个人目标，为自己和家庭创造一个未来的保障。对许多人来说，在正确时间的退出意味着人生的最终成就，也意味着一个无忧无虑、轻松安逸的退休生活。

有了正确的财务规划，退出还可以最小化甚至完全规避遗产税和个人所得税。

融　资

规模化成长企业应该在什么时间融资

与传统观点相反，对企业家来说，最危险的时期不是他们白手起家的时候，而是他们规模化成长的时期。当企业加速成长，无论是否已经做好准备，企业都会变得非常忙乱，很大程度上是因为对资金的需求急剧增加。

对于任何创业者和企业家而言，解决资金来源都是最主要的挑战之一，尽管有越来越多的渠道可供选择，但要弄清楚如何获取这些资金可能会耗费很多时间，甚至对经验丰富的管理者来说也是如此。

无论是需要营运资金来支持业务发展，将产品打入新市场，还是为了推出一个新的产品系列，或者需要为一家新的企业融资，弄清楚你需要做什么和去哪里寻找资金，都是很困难的。

哪类资金最适合规模化成长企业

提到对规模化成长企业的融资，大多数人可能首先会考虑到风险投资。但是，这虽然听起来很迷人，却并不容易做到。

通常情况下，企业会结合各种更传统的渠道获得资金，主要是因为这样获取资金速度快，不会稀释企业的所有权，也不会有对赌等非常复杂的条款。

尽管如此，随着可供选择的融资方式越来越多，融资过程并不容易，如果有经验丰富的融资专家的协助，可以大大缩短时间，并增加融资成功的机会。

有哪些融资渠道

1. 业务产生现金流。

大多数企业家都没有意识到，企业的日常业务往往可以产生足够的资金来支持企业规模化成长。这是因为客户应收账款的回收往往可以通过强有力的信用控制得到改善，而通过改进的系统和流程也可以有效降低库存水平。在某些情况下，供应商付款条件谈判不力意味着企业内部可用于支持规模化成长的资金大大减少。

当然，从内部筹集资金并不像通过外部机构筹集资金那样直接，但在许多情况下，当我们为企业筹集资金时，这是近在眼前的选择，只是创业者还没意识到这一点。

2. 信用贷款。

银行贷款有固定的期限，通常是 1~5 年，企业通过定期还款并支付利息，贷到一定金额的款项。

信用贷款的特点是：只要按照贷款协议的条款按期还款并支付利息，借款方不能主动收回贷款，但企业需要为贷款提供强有力的担保，通常是利用企业资产或所有者个人资产或信用作为担保。

3.订单融资／保理。

近年来，随着银行不再使用传统信用贷款，订单融资与保理越来越受欢迎。订单融资是指企业凭信用良好的买方产品订单，在技术成熟、生产能力有保障并能提供有效担保的条件下，由银行提供专项贷款，供企业购买材料组织生产，企业在收到货款后立即偿还贷款的业务。

保理（Factoring）全称为保付代理，是指卖方将其现在或将来的基于其与买方订立的货物销售／服务合同所产生的应收账款转让给保理商（金融机构），由保理商向其提供资金融通、买方资信评估、销售账户管理、信用风险担保、账款催收等一系列服务的综合金融服务方式。

在保理中，银行或金融机构会向你提供由应收账款作为担保的资金，因此比信用贷款更安全。

订单融资或保理对成长中的企业确实有益，并且可以满足交付货物或提供服务与客户付款之间的资金需求。

化成长的原因是他们认为：为什么我要把它交给其他人，他们并不会像我这样有效率。但这是一种可怕的思考方式，因为每个人时间有限。你可能会更有效率，但这样的事情却会消耗你大量的时间。

谭总从来没有这样想过。他从一开始就专注于规模化，而实现这一目标的唯一途径就是创造一个允许规模化发生的架构。

当你引入一个非常资深的、有经验的管理人员时，他们遇到事情可以很快上手，因为他们之前经历过很多类似的情况。虽然他们仍然需要时间来适应公司文化，但这个投资是非常重要的。"你需要强迫自己改变行为，"谭总说，"因为有时候做一件事很容易，但让他人通过自己努力找到答案要困难得多。一旦他有了自主权，就能在公司的环境中创造出更有价值的东西，这是最好的事情，因为你可以专注于战略层面的事情。"

生意一直是一种哲学，而不是一套技术。其核心理念从未改变，即如何利用技术来帮助人们合作并更有效地实现既定目标。

永远不能把自己限制于只拥有眼前的东西。

支持维度

"在企业内部，只有成本。"

——彼得·德鲁克

会计核算 / 合规

为什么会计核算与合规对企业很重要

处理日常琐事通常不是创业者喜欢做的事。现实情况是，随着企业的发展，会计核算与合规的负担也在不断增加。尽管合规的成本似乎很高，但很明显，不合规可能带来的风险更加巨大。

毫无疑问，仅仅提到"合规"这个词就足以让大多数企业家不寒而栗。许多企业家可能没有意识到的是合规（包括外部法律和内部制度）对企业来说利大于弊，具体而言：

• 它迫使企业引入质量管理体系。

• 它让管理者更有信心制订计划。

• 由于掌握了正确可靠的信息，管理者能够更快、更确定地做出预测和计划。

• 会计核算产生更准确的数据，反过来又可以据此做出更好的决策。各系统的数据共享，工作协调一致，同时业务的资料完整、准确和及时。

• 它迫使企业提高内部流程的效率。通过遵循最佳实践，流程中的冗余或低效步骤很容易被识别，可以被修改或删除。

• 它能帮助你更好地完成你的愿景。制订一个合规计划有助于你的企业实际行动与企业愿景中所表达的价值观相一致。这是因为企业的实际工作指导方针和政策不仅要遵循外部法律和法规，而且还要符合公司的发展愿景。

• 它加强了你与监管机构和其他利益相关者的关系。如果你有一个简明的、为大众熟知的合规计划，它会向内部和外部的利益相关者以及监管机构表明合规在贵公司是首要任务。

• 它彰显了你对相关法律法规的专业程度，顾客、员工和供应商对你的信任程度更高，而这种信任度会转化为品牌的忠诚度。

• 帮助你吸引和留住高素质人才，提高员工敬业度。这是因为求职者寻找的是那些在自己的行业和社区中有着良好声誉的公司，而员工则希望留在具有强烈社会责任感的公司。它会提高企业吸引和留住最优秀人才的能力，降低招聘和员工流失的成本。员工敬业度更高，众所周知，这有助于提高生产力。

合规对规模化成长阶段的企业有什么影响

随着企业业务的增长，各种各样的财务合规问题开始出现。

在大多数国家，中小企业都要接受税务或社保部门的定期检查，即使是最好的企业，如果涉及不正当竞争或逃避税收等社会责任都会名誉扫地。

这里不只是补税的问题，还涉及滞纳金与罚款，一般税款的滞纳金是按每日万分之五计算，罚款的金额为不缴或者少缴的税款 50% 到 5 倍之间。

创业者需要花多少时间来担心合规问题？

简单的答案是，你花的时间越少越好！你应该把全部精力投入到企业规模化成长的问题上，你的心情不会被合规问题搞得一团糟，不会担心审计人员说什么，或者担心政府税务或社保部门的检查。这就是为什么你要确保身边有一个首席财务官来消除你的担忧和恐惧。

税收筹划和法律问题

税收筹划是企业的刚需，它浪费了创业者大量的宝贵管理时间。

普华永道表示，据估计，中型企业每年至少要花费 120 小时或 10 天的时间来准备、申报和缴纳企业所得税与个人所得税。在中国，企业还要花费更多时间来申报增值税，并学习如何用税务部门提供的系统开具专用发票。

规模化成长的企业是最有潜力推动经济增长和创造就业机会的。但是，他们的资源和管理层宝贵的时间经常被复杂的税收制度所占用，企业贡献的税收达到一定金额，会被税务部门认定为重点税源，受到更加严格的监控，申报的流程也更加复杂。

规模化成长的企业无法从小微企业的税收优惠中获益，同时，大多数公司也无法迅速召集一支税务顾问大军，帮助他们对应复杂的税务系统。

所有这些都解释了为什么税收会让很多规模化成长企业的所有者感到担忧。与所有财务相关的问题一样，这种焦虑通常源于没有制定系统化的策略来应对这些问题。

无法想象的是，虽然面对如此多的挑战，在许多规模化成长的企业中，财务部门却仅仅包括一两名会计加出纳。在没有正确的专业知识的情况下，试图管理企业的财务策略，同时实现业务的快速增长几乎是不可能的。这也解释了为什么那么多企业在获取风险投资以后没多久就宣布创业失败。

让不合格的人来处理公司的税务筹划、策略或法律事务是非常危险的。专家的建议至关重要，企业所有者越早接受税务专家作为团队的一部分，他们就能越早卸下重担，全身心地投入到业务中去。

当我们的首席财务官与客户进行沟通时，我们发现企业的财务人员常常抱有一种侥幸心理，他们经常担心所使用的会计制度是否符合税法，或者明确知道目前的做法不符合税法，如果进行税务检查，如何掩盖这些重大的问题。

首席财务官的职责是确定企业的需求，并以尽可能低的成本满足企业需求，实现财务的规范。在某些情况下，如果业务结构非常复杂，我们会找到第三方税务专家合作。

因为一个税收问题，一家建筑公司老板与首席财务取得了联系。首席财务的一位首席财务官回忆了他与该老板第一次会面的情景。

"他们有增值税的问题，他们正在偿还。"他说。

"两个兄弟和他们的妻子组成了董事会。最近几年生意一直不太好做，现金快用完了，他们都在不停地削减成本。"

■ 中小企业如何突破财务困境

"我问他们想怎么做，最后我也只是把他们说的再重复了一遍，整个一天我所做的只是说'可以这么做，也可以那么做'。他们知道自己需要做什么，但却信心不足。"

"我们在一起制定了一套完整的方案，放弃了盈利比较差的业务，再将全部精力都放在核心业务上，以后的半年时间里，他们的营业额取得了突破性的增长。"

把公司的税务筹划和法律责任委托给税务专家处理是必需的，我们绝对不会建议企业在这些领域使用非专业的人。

对我们的客户来说，有一个税务方面的专家来应对这个高风险领域，是他们把主要精力放在业务上面的前提。

知道企业无需支付多余的税费，并且不会因为税务方面的问题导致企业无法按计划上市，这样你就可以在我们处理细节的时候专注于业务的发展。

银行关系

嘉任电子是位于上海杨浦区的一家企业，他们在贷款方面遇到了一些麻烦。

客户回忆道："我们没有自己的专职财务人员，聘请了一家代理记账公司协助开票和纳税申报。我们之前在中国银行申请了一笔 200 万元的贷款，突然有一天，银行的客户经理给我们打来了电话，通知我们的银行贷款于当天到期。但实际上，账上没有足够的钱来偿还贷款。"

"在那个时候，我们需要的不仅仅是一名会计，更需要一个现金流的整体规划。所以，我们找到了首席财务。事实上，我们把解决这 200 万元的还款问题作为与首席财务签订服务协议的前提条件。"

首席财务派了一名 CFO 来处理企业与银行相关的事务。

"2013 年初，我成为嘉任电子公司的兼职首席财务官，"这位首席财务官说，"公司处在规模化成长阶段，在一段时间内表现得很好，但它有点失控了。每一笔费用金额都不大，但汇总起来却不小，企业的钱花得很快。我不得不找一家长期合作的私人金融机构才能在一天时间借到 200 万元。"

"问题是非常明显的：外部的代理记账公司对企业的业务发展没有大的帮助。他们不是管理层的一员，不了解企业的业务和面临的问题。"

"几乎从我和企业管理层第一次见面开始，他们就开始谈论融资问题。他们开始意识到，要想融资，首先必须建立完善的财务流程与制度。"

"因此，我们做的第一件事就是围绕营运资金设置一些控制和流程。"

■ 中小企业如何突破财务困境

"从我加入时起，企业的资金情况得到了明显改善，我们在银行有 500 万元存款，财务上更加健康。"

银行的客户经理回忆那天的情况："当时几个银行的人都在谈论这家企业，如果企业不能按时还款，对银行绩效影响很大。"

"我们确实提高了企业的风险评级，日后信贷额度的增加意味着我们必须这样做，但我们认为这家企业有非常好的市场前景，虽然风控部门的同事一再提醒要控制风险，但我们还是会继续为企业提供资金方面的支持。"

这个案例展示了银行是多么愿意与企业合作，帮助他们的客户成长。但只有当企业家知道如何与银行沟通时，两者才会发生化学反应。

当我们和创业者谈论他们与银行的关系时，创业者常常会抱怨银行不愿意花更多精力去真正了解他们的业务。

在最近的一次活动中，我们发现，在 50 位企业家中，只有 4 位认为银行是他们业务的战略合作伙伴。比例确实太低了。

在首席财务，我们会优先考虑与银行建立强有力的合作伙伴关系。如果你与银行客户经理关系不好，将不仅错过一个未来可能的融资渠道，还会错过一个免费咨询顾问和宝贵的信息来源。

业务上的互动，包括征求意见，有助于你和银行客户经理之间建立信任。渐渐地，你学会了相信他们的建议，他们也开始相信你偿还贷款的能力。

冒险是商业的本质，但谨慎是银行的信条。银行讨厌紧急的求助，所以如果业务遇到问题，让你的银行客户经理尽快知道是非常重要的，这样他们就能及时评估情况并给你提供建议，甚至可以延长你的信用期或暂时减免费用。

你可以通过证明偿债能力来增加获得短期甚至长期贷款的机会。银行会希望看到以下证明文件：

• 企业以前年度的纳税申报表。

• 以前年度和最近期间的损益表、资产负债表、科目余额表等。

• 商业计划书。

• 营业执照、章程、审计报告等。

• 企业实际控制人的征信报告。

• 往来应收应付科目的明细。

• 当前和下一年度的预算、现金流量预测。

如何改善与银行的关系

只要知道如何利用与银行的良好关系，银行就可以成为企业最重要的资产之一。如果以前没有充分利用过这些关系，并且觉得银行对企业不感兴趣，那么你需要做些改善。

有了正确的专业知识和战略，企业可以与银行建立起互惠互信的合作关系，随着业务的发展，这些关系会在未来的若干年中为你提供回报。

2008 年全球金融危机袭来时，我们的一个客户面临银行方面的一些相当棘手的问题。总经理很快意识到企业需要帮助。

他说："我们没有足够的财务信息和统计数据，无法让银行了解我们在做什么，我们需要一个能够收集并管理这些信息、帮助我们做相关决定的人。"然而，最初，他不考虑以兼职的方式雇用任何人。

"兼职是我以前从未考虑过的事情，因为我喜欢有人和我们一起工作，了解我们的业务。这听起来很简单，但是当您开始研究我们在多个国家都有销售时，它就变得复杂了。"

"公司以前有一些兼职的员工，他们来去都很自由，他们多是自由职业者，与我们没太大关系。然而，首席财务为我们提供了一些新东西：如果我们对第一个首席财务官不满意，他们很快就会换另一个过来。即使他们安排的首席财务官没有我们需要的一些问题的答案，但是因为他的背后有更多的资源，所以也可以从中获得我们想要的答案。"

首席财务官不仅有助于改善企业与银行的关系，作为财务合作伙伴，他还可以帮助企业建立 ERP 系统并完善内部控制制度，使其拥有比以前更好的现金流。

预　算

预算是创业者控制企业成本的有效武器之一。从预算所涉及的内容来看，主要分为经营预算、资本预算和财务预算。

1. 经营预算。

经营预算又称日常业务预算，是指与企业日常经营活动直接相关的经营业务的各种预算，具体包括销售预算、生产预算、直接材料消耗及采购预算、直接工资及其他直接支出预算、制造费用预算、产品生产成本预算、经营及管理费用预算等，这些预算前后衔接，既有实物量指标，又有价值量和时间量指标。

2. 资本预算。

资本预算又称特种决策预算，最能直接体现决策的结果，它实际是中选方案的进一步规划。如资本投资预算是长期投资计划的反映，它是为规划投资所需资金并控制其支出而编制的预算，主要包括与投资相关的现金支付进度与数量计划，综合表现为各投资年度的现金收支预测表。

3. 财务预算。

财务预算作为预算体系中的最后环节，可以从价值方面总括地反映经营期资本预算与业务预算的结果，亦称为总预算，其余预算则相应称为辅助预算或分预算。财务预算在预算管理体系中占有举足轻重的地位，它主要包括利润表预算、资产负债表预算、现金流量表预算。

（1）利润表预算。在各项营业预算、资本预算的基础上，根据企业会计准则，可以编制相应的利润表预算。利润表预算与实际利润表的内容、格式相同，只不过数据是面向预算期的。通过编制利润表预算，可以了解企业预期的盈利水平，从而可以帮助管理层及时调整经营策略。

（2）资产负债表预算。资产负债表预算是利用本期期初资产负债表，根据各项营业预算、资本预算、利润表预算的有关数据加以调整编制的，与实际的资产负债表内容、格式相同，只不过数据是反映期末预期的财务状况。

（3）现金流量表预算。现金流量表预算一般由现金收入、现金支出、现金多余或不足及资金的筹集与运用等四个部分组成。它反映了各预算期的收入款项和支出款项。其目的在于资金不足时筹措资金，资金多余时及时处理现金余额，发挥现金管理的作用。

预算以企业各分支机构、部门、单位等职能部门为主体，或按不同的业务类别等编制，形成总体预算中的各个组成部分。将各个部门预算进行汇总即形成企业整体预算，通常由财务预算构成，具体包括预计负债表、预计利润表等。

从预算所涵盖的时间范围来看，主要分为短期预算和长期预算。短期预算适用于初次编制预算的企业。企业针对预算形成一定经验积累以后即可开始着手编制长期预算。

1. 短期预算。

短期预算主要是指预算期间在一年以内的预算，包括月度、季度预算。月（季）度预算往往从上一个月（季）开始，公司要对计划销售的各种产品的产量、价格以及相应的成本、费用和需要筹集的资金情况制订详细的计划，并将这些计划以预算的形式落实为各个责任中心的经营目标。短期预算是比较准确的预算，对短期成本控制非常有效。

2. 长期预算。

长期预算是指预算期间在一年或一年以上的预算，是对企业长期投资和运营所进行的预算。从长期预算在公司经营中的地位来看，它是制订公司战略性计划过程中的一个关键内容。战略性计划主要解决的问题是选择企业的总体目标以及实现这一目标的具体方式，其中既涉及进入哪个市场、生产何种产品的问题，也涉及应采用怎样的价格、数量组合以及如何安排研究与开发、资本性支出及财务结构等支持公司目标实现的问题。一般来说，长期预算主要包括实施公司战略应进行的研发预算、筹资预算和经营扩张所需的资本投资预算等。

　　长期预算和短期预算相比，不仅在编制时间的长短上有差异，而且在内容和精细的程度上也有差异。在短期预算中，关键的预算假设在于对数量和价格的预测上，组织中的每个部门都必须接受这些关键性的假设，一般来说较为精细，并可作为日常营运的控制标准；而在长期预算中，关键的预算假设主要涉及应进入哪一个市场以及应获取何种技术的问题，它是对未来公司进行的财务整体规划，因此相对来说不需要特别精细。通常情况下，短期预算和长期预算的制定可以合并为一个过程，具体操作中可以采用长期预算以滚动方式和月（季）度预算相结合的方法。

规模化成长的经验分享

"世界上一切资源都可能枯竭，只有一种资源可以生生不息，那就是企业文化。"

——任正非

这本书的主要目的之一是与你分享来自首席财务各地客户的真实生活经历和故事，这些客户实际上已经克服了规模化成长的挑战。在最后一章，我与大家分享我们自己的教训，来帮助企业成功实现规模化成长。

创业者心态

除非有一位领导者，通常是创始人，能够领导团队解决规模

化成长给企业带来的各种问题和挑战，否则企业不太可能在规模
化成长的过程中取得成功。

关于创始人心态，我们总结了五个关键点，也认为这是规模
化成长企业的共同之处。

花时间进行战略性思考，寻找能够规模化成长的战略机会

极鸟旅游公司的李欢证明，花更多的时间"做规划而不是做
业务"会对你的利润增长产生巨大的影响。

她在总结自己对规模化成长企业首席执行官的建议时，表
示："你越早开始战略思考，而不是从运营角度思考，你就能越
早创造出真正的价值。这可能是我创业迄今迈出的最大一步。"

时间胶囊咖啡厅的万蕴锋认为，战略可以来自灵感，也可以
来自精心策划。大约在创业的第三年，他们在上海华东师范大学
开了第一家店。这是他们的重大突破，从此以后他们建立了校园
茶座的模式，是外界进入校园的入口。在接下来的 3 年里，他们
一共在全国范围内开了50 多家店。

激励，而不是命令和控制式的领导

德勤 2015 年的报告"规模化成长：体验游戏"强调"领导一
家规模化成长企业需要的领导力包括激励、引导、支持、赋能等
诸多方面的能力"。

我们自己在首席财务的管理上很大程度是基于"激励领导"，而不是通过命令和控制来管理。虽然管理架构仍需不断改进，但我们一直是通过一个具有高度信任度的模型来激励我们的员工，在许多城市都有非常扁平的结构，每个区域都由顶尖的专业人员领导着高效率的团队。没有这种方法，我们压根不可能发展得这么快。

从工作中我们经常看到，领导者善于为员工赋能可以对企业规模化成长产生显著的影响。博润国旅的崔航就是这样。虽然在他到公司之前，公司业务表现良好，但他被任命为首席运营官以后，企业规模增长速度进一步加快。他认为，"企业在正确的时间做了正确的事。企业收购了希腊的地接旅行社爱马仕，并成立了大巴公司、酒店管理公司、专门负责移民和海外置业的商务咨询公司。这样多元化的扩张需要强大的企业文化，我们的文化就是对员工不断的支持与激励。"

不忘初心的创业心态

当规模化成长停滞不前或陷入困境时，通常情况下，管理者和员工会忘却一些让他们在初创期一直坚持不懈的东西。这可能是一种两难的情况，规模化成长需要企业家做出一些改变，但你可能在这个危险的转变过程中丢掉一些原有的非常宝贵的东西。

可喜的是首席财务那些成功的大客户们并没有忘记这些宝贵

的东西。正如博润国旅的崔航提醒我们，在海外扩张中，一定要真正了解并喜欢当地的文化，同时控制成本。虽然任攀能够成功应对为小派科技的高增长不断融资的挑战，但他没有忘记的是，从根本上说，他是一位科学家和技术人员。他意识到自己很擅长研发工作，客户喜欢公司的产品。他们擅长开发新产品，所以他们的生意很好。

强迫症一样的专注

　　也许所有的成功人士都是如此，不管他们是不是一家规模化成长企业的负责人。但根据我们多年的观察：所有规模化成长企业的创业者都痴迷于自己的业务。

　　每个人都有自己的信念、清楚的目标或信仰，企业的成长是首要任务，而不仅仅是钱的问题。

　　尚街网的胡楠在列出自己对规模化成长阶段的企业的建议时说："首先，你必须清楚地了解并相信自己在做的事。"

　　我们自己的首席财务是由愿景驱动的，我们坚信有一天所有的企业都将拥有一名兼职 CFO。

　　时间胶囊咖啡厅的万蕴锋坚信，"向大量专业的人寻求帮助"将推动企业的规模化成长。

　　这样的例子不胜枚举。

小目标

我们大多数规模化成长企业的领导者都有明确的目标。有趣的是，这些目标似乎在规模化成长的过程中发生了变化，随着取得阶段性的成功开始逐渐提高。

尚街网的胡楠承认，他的企业永远不会保持很小的规模，这不是他的本性。他最初的目标是建立一个年收入5000万元的企业。现在，6年过去了，收入已经达到1亿元，而且还在增长，目前的目标是年收入3亿元。

在首席财务，我们共享财务总监业务最初的目标是达到年收入1000万元。当我们接近这一目标时，我们又将目标定在年收入5000万元，并在世界范围内提供服务。我们的下一个目标是年收入1亿元。

建立基础架构

创业者的思维模式通常是避开层级制的管理架构，而在初创阶段，这种方式非常有效。我们的实际经验表明，当企业进入规模化成长阶段时，需要解决的一个关键问题就是如何搭建管理架构和基础设施以满足规模化成长的需要。太复杂太快会导致失速甚至失败。同时，认识不到建立基础架构的必要性，同样会导致停滞或衰落。

大多规模化成长企业的领导似乎直觉地认识到了这一点。正如潮汇水产的首席执行官吴远潮所承认的那样，"随着业务的发展，我们正在考虑引进人才，团队中的每一个人都将进入新的角色。"虽然这有时会很棘手，但没有选择。

博润国旅的崔航从一开始就把注意力放在规模上，他相信唯一可以实现规模化成长的方法就是创造一个允许规模化发生的架构。

加强现金流的预测和管理

在我们首席财务做的所有工作中，现金流的预测和管理是规模化成长企业中最常见的问题。我们在第六章中详细讨论了现金流的管理，并在本书的案例研究和专家访谈中一再强调了这一点。然而，许多企业在努力扩大规模时，仍然忽视了建立适当的现金规划和管理系统的必要性。

正如成功实现规模化成长的企业所显示的那样，掌握这些数字，特别是现金流的预测和管理，是扩大规模的先决条件。

小派科技的任攀指出，找到合适的首席财务官至关重要：

"如果你经营自己的企业，首席财务官是最关键的管理团队成员之一。"业绩是用数字来衡量的，所以你需要把你的挑战和数字联系起来。如果首席财务官能够运用他们的经验将数字转化为建议，那真的很有用。

尚街网的胡楠警告说，想要规模化成长的企业，在这一领域依赖不专业的建议尤其危险。他说："我们现在的财务状况很好，但情况并非一直如此。三年前我们找到了首席财务。在此之前，作为我们的业务主管的尹先生（创始合伙人之一）掌管着财务，这是很危险的——而尹先生将是第一个承认这一点的人！他讨厌财务工作。尽管我们有一个会计，但她并没有在我们规模化成长的过程中给我们很多帮助。首席财务的到来给了我们足够的信心，我们合作得非常愉快，成功实现了规模化成长，在我们股改上市的时候首席财务还为我们推荐了一名全职财务总监。"

当谈到规模化成长时，你可能会认为，意外地获取一份大额的客户订单是一件令人高兴的事，但对很多企业来说不是这样。这为企业发展带来了机会，但也为现金流管理提出了挑战。因为你无法用销售产生的应收账款为员工支付工资。你的账上需要大量资金应对漫长的项目周期，假设项目一切进展顺利，客户也需要花一段时间才能把钱汇过来。

巨鲸网络是一家专注生产儿童智能水杯的企业，他们在财务管理方面也遇到了困难。在企业初创阶段，总经理江志强不得不把全部时间和精力投入到产品研发与市场拓展方面。而开发新的产品与在全球范围内拓展市场消耗了大量的资金，他们需要财务方面的专家协助在银行和投资人面前讲述他们的故事与愿景。他们获得了继续扩大规模所需的资金，而随着信任的建立，双方的合作关系进一步加深。

执　行

对于任何业务来说，尤其是在规模化成长阶段的企业中，不论什么战略都必须得到有力的执行才能产生效果。企业无法规模化成长的重要原因之一是在执行上做得不够好。

规模化成长企业的首席执行官应该把主要精力放在优先级最高、最重要的事情上，确保你得到正确的数据，并基于事实而不是直觉进行决策。通过创造一个良好的每日、每周、每月、每季度和年度会议习惯，加强沟通，将企业的资源集中在解决优先级最高、最重要的事项上，更好地执行企业发展战略。

虽然每个规模化成长的企业都有自己解决问题的方式，但他们都有很强的执行力。这种力量有时来自企业股东，有时来自企业总经理，有时则可能来自企业聘用的某些专业人员。

员工激励

我的一个朋友是领导力和心理学方面的专业演讲者，他曾经对我说过，当我们遇到员工绩效和企业发展相关的问题时，"无法量化的东西是最难统计的"。我非常认同。提高员工的工作热情和满意度，塑造良好的公司文化，这是我们在许多规模化成长企业中看到的共同点。

就像博润国旅的崔航说的："对我来说，我的业务都是关于人的，所以我几乎成了一个准心理学家。我越来越发现企业发展到了一个特定的阶段，团队的比重会占到企业资产的 95% 以上，没有什么比团队更重要。因此，在一段时间之后，如何管理好团队几乎是经营一家公司最重要的事情。"

崔航认为："在企业迅速发展的时候，如何放手并给团队赋能是重大挑战之一"，我们非常认同他的观点。

在我们看来，如何才能最好地激励员工，这主要取决于你如何建立自己的领导风格，以及你如何发展自己的企业文化。认识到这一点，并为之不懈努力，会帮助你的企业规模化成长；忽略它，你的企业很快会被拖垮。

CFO 的主要责任是运用会计知识，分析企业成本的产生和效益及对应风险的来源，设计有效的激励机制，降低信息获取难度，以提升内部行政性资源配置效率，增强企业竞争力。企业的人力，机器设备等属于硬成本，财务费用等属于软成本，CFO将这些成本分解配置到不同部门，同时通过恰当激励确保信息有效获取，实现企业整体的效益最大化。

专家与顾问团队

2015 年德勤发布报告称，61% 的规模化成长企业的领导者表示，如果更容易获取专业人士的建议，他们会增长得更快。该报告指出，在管理层团队中，有足够的能力和经验的专家对企业规模化成长至关重要。

这一研究得到了首席财务自身规模化成长经验的验证。随着社会的发展，根据企业的需求不同，各个岗位都需要有丰富实践经验的专业人士。

在过去，以经济实惠的价格雇用这些专业人士几乎是不可能的，现在互联网带来的好处是，这些人不必是全职的，他们可以是每周兼职几天，甚至是每月几天。企业都可以自由选择。

这本书给你提供了一些宝贵的建议，不仅包括什么是规模化成长，为什么它对于企业管理者、员工和整个经济来说地位如此重要，更关键的是如何实现你的企业的规模化成长。无论你的企业现在是一个快速规模化成长的公司，一个被困在规模化成长过程中的企业，还是一个失败过但想要再次尝试加速业务发展的创业者，这些基于我们实践经验的见解应该可以让你准备得更加充分。

诚然，这本书主要是从财务角度来写的，因为规模化成长的过程需要对财务问题有一个强有力的把控。但财务绝对不是决定企业成败唯一的因素。

要强调的一点是，规模化成长不是自然科学，它不需要天才。这本书的字里行间包含了很多常识。常识与工作中的实践经验不同，而且随着企业的发展，创业者面对纷繁复杂的情形会迷失方向，对重要的事情保持专注这一点非常重要。

最后，希望本书能够在企业规模化成长的路上为你拨云见日，如果你需要任何帮助，请随时与我联系，我的邮箱是：LTR@iLaofashi.com。

你规模化成长的秘密武器

如果你有兴趣聘请一位高素质的兼职首席财务官

请与我们谈谈你的具体要求。

请访问我们的网站：www.iLaofashi.com